1.ª edición: 2026

© Edelsa, S. A. Madrid, 2026
© Autoras: Mónica García-Viñó Sánchez
          Inés El Helw García-Viñó

Equipo editorial
Coordinación editorial: Alicia Iglesia
Edición: María Sodore
Diseño de cubierta y de interior: Carolina García
Maquetación interior: Luis Miguel Marín
Edición digital: Eva Gómez
Corrección: Natalia García (transcripciones)
Locución y edición de audio: Bendito Sonido
Las locuciones en las que aparecen personajes famosos son adaptaciones de entrevistas reales.
Sin embargo, las voces son interpretadas por actores.
Voz mujer, España: Sandra Soria y Helena Ovalle
Voz mujer, México: Carolina Hernández
Voz mujer, Argentina: Sofía Montesanto
Voz hombre, España: Félix Alcolea y Álex Plaza
Voz hombre, Perú: Jorge Araoz
Voz hombre, Chile: Nico Villanueva

ISBN: 978-84-9081-659-2
Depósito legal: M-9482-2026

Impreso en España/*Printed in Spain*
– Las normas ortográficas seguidas en este libro son las establecidas por la Real Academia Española en su última edición de la *Ortografía*.
– Reservados todos los derechos. El contenido de esta obra está protegido por la Ley, que establece penas de prisión y/o multas, además de las correspondientes indemnizaciones por daños y perjuicios, para quienes reprodujeren, plagiaren, distribuyeren o comunicaren públicamente, en todo o en parte, una obra literaria, artística o científica, o su transformación, interpretación o ejecución artística fijada en cualquier tipo de soporte o comunicada a través de cualquier medio, sin la preceptiva autorización.

TRANSCRIPCIONES

EXAMEN 1

Pista 1. Tarea 1
Persona 0
Pues una persona muy especial para mí es mi madrina, Andrea. A mí me llamaron así en su honor. Es amiga de mi madre desde que estaban en el colegio, bueno, en realidad desde antes, porque eran vecinas. Ella nunca ha tenido hijos y a mis hermanos y a mí nos quiere como si fuéramos suyos. Y la verdad es que a mí un poco más, por ser su ahijada.

Persona 1
Mis abuelos paternos, y especialmente mi abuela.... Aunque era estricta, de la vieja escuela, siempre me trataba con dulzura. Por determinadas circunstancias, no me crié con mis padres y mis abuelos se hicieron cargo de mí. Mi abuela me enseñó a ser independiente. Ella creía en mí, me animó y me educó. Es una pena que ya no esté para saber hasta dónde he llegado, y todo gracias a ella.

Persona 2
Pues mis padres son veterinarios y antes de que yo naciera se establecieron en un pueblecito, casi una aldea, donde solo se podía estudiar la primaria. Así que, cuando pasé a la ESO, tuve que irme a Valladolid con mi hermana mayor. Algunas asignaturas se me daban fatal, pero mi cuñado fue un cielo conmigo, me ayudaba a estudiar con una paciencia infinita. No sé qué hubiera hecho sin él.

Persona 3 (acento peruano)
Yo quiero mucho a toda mi familia, pero tengo una debilidad por mi tía Blanca. Es la hermana más joven de mi madre y es superdivertida. Es una persona muy interesante y muy poco convencional. Nada que ver con el resto de mi familia materna. Además, siempre he sido su sobrino favorito. Cuando era pequeño, pasaba temporadas con ella y me lo pasaba en grande.

Persona 4 (acento argentino)
Mi mamá, con diferencia, me ha enseñado que, como mujer, tienes que trabajar por conseguir lo que quieres. Siempre ha estado presente dándome aliento cuando yo estaba a punto de tirar la toalla. Es una mujer fuerte, un modelo para mis hermanos y para mí. Siempre nos ha puesto por delante de su propio interés. En el futuro espero llegar a ser para mis hijos lo que ella ha sido para mí.

Persona 5 (acento chileno)
Mi hermano gemelo, claro. Creo que nadie se puede hacer a la idea del tipo de relación que se establece con un gemelo: es parte de tu identidad. Es curioso, porque, cuando pienso en mi infancia, no recuerdo ni un solo momento sin Eduardo a mi lado. Ahora él ha decidido estudiar Ingeniería y está superocupado. Llevamos la tira sin vernos, pero nos llamamos cada día.

Persona 6
Sin lugar a dudas, mi hermana Aurora. Somos uña y carne y la verdad es que no siempre ha sido así. En mi familia, somos cuatro hermanos y todos muy seguidos. De hecho, mi hermana y yo solo nos llevamos diez meses. Cuando éramos pequeñas siempre estábamos riñendo, peleando por cualquier tontería. Éramos como el perro y el gato. Ahora no podemos vivir la una sin la otra.

Persona 7
Mi padre. Es curioso, porque en el caso de la mayoría de mis amigos, por no decir todos, le tienen mucho más *miedo* a su padre que a su madre. La madre es el *poli bueno*. En mi familia es totalmente diferente: mi madre no diría que es dura, pero sí estricta. Mi padre, en cambio, es muy comprensivo y siempre intercede por nosotros. No es que nos deje hacer cualquier cosa, pero intenta comprendernos.

Pista 2. TAREA 2
—Aquí tenemos a Ona, una recién llegada a la capital de España. Llevas un mes en Madrid, ¿no? ¿Y cómo te está tratando la capital hasta el momento? ¿Qué sensaciones te produce Madrid?

–Yo estoy muy contenta. Tenía un poco de miedo de cómo me iba a adaptar, sobre todo porque yo soy superfamiliar y como muy de mi casa y de mis amigos, pero, de momento, todo muy bien. Ya he hecho muchos amigos... Bueno, ya conocía a gente, pero he hecho buenas migas. Y guay, la verdad es que muy contenta. Yo creo que ya me he adaptado mucho, para el poco tiempo que llevo aquí.

–¿Qué es lo que más te ha sorprendido de Madrid hasta el momento?

–La cantidad de eventos y cosas que hay. De verdad, cada día hay cosas en Madrid, o sea, puedes salir de fiesta todos los días. Puedes ir a todo todos los días.

–Tú, que vivías en Sabadell hasta el momento... Imagino que esto es mucho más ajetreado que Sabadell, por supuesto, pero ¿qué diferencias ves con Barcelona en el mundo *influencer*?

–Pues Barcelona es una ciudad preciosa, me encanta para vivir, pero, para este trabajo, todo está en Madrid.

–Quería empezar precisamente por lo que has dicho de que te has separado de tu familia, que sé que ha sido muy chungo para ti, y para explicar tus inicios en el camino del mundo *influencer*, porque tiene que ver mucho con tu madrastra, con Raki, también conocida como Bonbon Reich. ¿Cómo empieza uno dentro de este mundo de las redes sociales, y qué implicación tiene tu madrastra?

–Vale, a ver, te cuento un poco el inicio. Yo siempre he sido una persona que consumía mucho YouTube, yo era superfán de... un montón de gente. Yo empecé con vídeos musicales, que hacía con una amiga mía en privado, pero vídeos de broma. Incluso si tú buscas en TikTok, te salen vídeos míos con ocho años. Y la Raki empezó durante el confinamiento a hacer esos famosos *diarios de la Raki* y ya empezó a crecer, y luego también yo empecé a crecer, pero ella desde el primer momento se lo tomó como un trabajo. Yo considero que hasta hace seis meses o un año no veía esto como mi trabajo, sino más como un *hobby*, y ahora sigue siendo mi *hobby*, porque siempre ha sido mi sueño, pero ya pues hay ingresos, entonces ya hay trabajo. Yo creo que la Raki y yo hacemos muy buen *match* y las dos como que nos hemos aportado buenas cosas.

–Aquí hay una situación curiosa, ¿eh?, y es que Raki es tu madrastra, pero os lleváis fenomenal. A ver, para que la gente se sitúe un poco, sobre todo los que te conocen menos: ¿hace cuántos años que tus padres se divorciaron?

–Mis padres se separaron cuando yo tenía tres años, entonces yo de mis padres juntos no tengo ningún recuerdo. Al año mi padre empezó con la Raki y ya nunca estuvo con otra chica, y mi madre igual con mi padrastro. Eso se lo agradezco mucho. Entonces, como desde los cinco años, Raki es mi familia. Yo he crecido con ella, he estado con ella, y la relación que se ve os lo juro que no es ni la mitad de la relación que hay. Os lo prometo. Que soy superafortunada y es que la gente me pregunta que cómo la veo. Yo no la veo como una madre, sino la veo más como mi mejor amiga, o mi hermana mayor, o como la persona en la que confío y que me quiere como mi familia, ¿sabes? Entonces, está muy guay.

–Es que se ve que sois como... tenéis una hermandad, ¿eh?, que se ve siempre que decís un montón de cosas bonitas, y estos días, que he estado cotilleándote tanto para poder hacer la entrevista como Dios manda, veía mucho los comentarios. La gente dice: *qué suerte que sea así con su madrastra, porque lo mío es traumático*. Hay mucha gente que vive mal la separación de sus padres y para la que la figura de la madrastra es como la enemiga, y precisamente tú eres como el extremo ultracontrario.

–Literal. O sea, yo tengo amigos que sus padres se han separado, nadie se lleva así, pero es que ni una mínima relación cordial. Pero es que yo date cuenta de que desde los cinco años está en mi casa. Y, aparte, pues hicimos superbuenas migas. También yo creo que el trabajar de esto y el tener esto nos ha juntado un montón. Yo sé que sin ella no estaría donde estoy y también me ha guiado de una manera, en plan: *esto sí, esto no; esta persona sí, esta persona no; aquí sí, aquí no*, y me lo dice tal cual. Es lo que... lo que yo digo, que la Raki es superdirecta y en ese estilo a mí me lo dice tal cual. Las cosas como son.

Pista 3. TAREA 3

Daniel y Marta son padre e hija. En 1995, cuando Daniel tenía la edad de su hija, compró el piso familiar en el barrio del Eixample, en Barcelona. Ahora Marta quiere seguir su propio camino, pero lo tiene mucho más difícil. Marta se ha independizado a los veinticinco años y ahora vive de alquiler: comparte piso con una amiga en el mismo barrio que sus padres. Marta cobra mil seiscientos cincuenta euros al mes y gasta seiscientos cincuenta euros en el alquiler y ochenta en luz, agua y gas. Esto significa que destina más de un cuarenta por ciento de sus ingresos a cubrir los gastos de la vivienda y le quedan unos novecientos euros para comida, transporte, ropa y salidas para pasar el resto del mes.

La situación de Marta no dista de la de siete millones de jóvenes de nuestro país.

Los sueldos bajos y la subida de precios del alquiler convierten a España en uno de los países con la edad media de emancipación más alta de Europa, treinta años y cuatro meses, según los datos de Eurostat.

Los sueldos de los jóvenes llevan inamovibles desde hace veinte años, porque la productividad de la economía española está estancada desde hace mucho tiempo.

Para no tener que pagar tanto de alquiler, Marta se plantea la posibilidad de comprar un piso. También lo tiene difícil. Cuando en 1995 Daniel compró la vivienda familiar, el precio era tan solo cinco veces su sueldo anual. Ahora su hija necesitaría hasta veinticinco años de su sueldo íntegro para poder comprar el mismo piso.

Esas cifras astronómicas provocan que los jóvenes solo puedan comprar una vivienda si sus padres pueden apoyarles económicamente. Y ni siquiera así Marta lo conseguiría, ya que más de la mitad de sus ingresos se irían en la cuota de la hipoteca, una situación que ninguna entidad financiera aprobaría.

El mercado de la propiedad ha dejado paso a un mercado del alquiler, que es a donde va toda la demanda y que no da abasto, lo cual hace que los alquileres también sean muy altos y no permitan ahorrar. Además, el acceso a una vivienda en propiedad implica pagar una entrada de unos cien mil euros, que no son fáciles de obtener, dados los sueldos que se tienen.

¿Cómo hemos llegado a este punto? Para empezar, en 1990 prácticamente solo había vivienda en propiedad. Se construía muchísimo y había muchísimo crédito para los jóvenes. La situación ahora es diametralmente distinta, la mayoría se decanta por el alquiler.

Actualmente tenemos un dos por ciento de vivienda de protección oficial en alquiler, cuando la media europea es de un diez por ciento. Desde que estalló la burbuja financiera, desapareció el presupuesto público que se dedicaba a este tipo de vivienda. Ahora mismo, todo el mundo está en el mercado de alquiler privado, no hay mercado de alquiler social y no se puede acceder a la propiedad.

Lo que hay que tratar es de orientar a cada persona a lo más apropiado para ella. La persona en situación vulnerable tiene que ir a un mercado de vivienda social, para lo que habría que construir vivienda de ese tipo. Pero luego tenemos a esos jóvenes que deberían estar en el mercado de la propiedad y cuyo único problema es que no pueden acceder porque carecen del ahorro inicial, ya que lo que pagarían mensualmente de hipoteca sería algo muy similar a lo que pagarían por un alquiler. Habría que intentar relajar el crédito, o que el Estado les ayudara en esa parte del crédito inicial.

La tendencia no es esperanzadora. El Banco de España señala que las generaciones más jóvenes acumulan menos riqueza neta que sus padres. Por eso, resulta imprescindible abordar con urgencia el problema de la vivienda en nuestro país mediante una combinación de políticas públicas ambiciosas, capaces de dar respuesta a una situación que condiciona tanto a las generaciones actuales como a las futuras.

Pista 4. TAREA 4
Conversación 1 (acento peruano y español)

Vas a escuchar una conversación entre dos estudiantes.

−Hola, Elena. ¿Qué tal?

−Ya ves, aquí...

−¿Sigues enfadada? Ya te he dicho que fue sin querer...

−Pues sí, estoy muy cabreada. Quedamos en que íbamos a hacer la presentación de Economía juntos y, cuando Lucía me pidió hacerla conmigo, le dije que ya tenía compañero. Y ahora vas y me dejas tirada. ¡Si ya teníamos hasta el tema elegido! De verdad que me has hecho una buena faena.

−Lo siento mucho, de verdad. Es que se me había olvidado que cuando elegimos las optativas le prometí a Alfonso que, si la elegía, haríamos juntos el trabajo final. Ya sabes que a él le da mucho palo eso de las presentaciones.

−¿Y yo con quién la hago ahora? No queda nadie.

−Creo que Pablo todavía no tiene compañero.

−¿Pablo? Sí, hombre. Pablo es un vago. ¿Recuerdas cuando le tocó hacer la presentación con Lucía? Al final, le tocó a ella hacerlo todo sola. ¡El tío tiene mucho morro!

−Pues no sé. Si quieres, podemos hablar mañana con la profesora, a ver si te deja hacer la presentación con nosotros.

−Pues espero que sí. Si no, a ver si me deja hacerla sola.

Pista 5
Conversación 2 (acento mexicano y español)
Vas a escuchar una conversación entre dos amigos.
–Lucas, ¿ya has encontrado alojamiento para el Erasmus?
–¡Qué va! Sigo sin encontrar nada decente.
–¿En serio? ¿Y el último del que me hablaste?
–¿Cuál? ¿El que tenía un pedazo de terraza? El problema es que tiene cinco dormitorios y un solo baño. ¿Te imaginas a cinco tíos compartiendo un baño? Menudo caos.
–Sí, ¡qué locura! ¿Y el del centro? ¿Por qué no te animaste?
–¿El del centro? ¡Puf! El casero me dio mal rollo.
–¿Y eso?
–No sé. Cuando hablé con él me pareció que no era buena gente.
–¡Vaya! ¿Y no has visto nada que te convenza?
–No... Vi uno bastante cerca de la facultad, pero en un estado de pena, y otro que tenía buena pinta y muy bien de precio, pero sin amueblar. O sea, que lo que me ahorro me lo gasto en muebles.
–No te creas. Hay aplicaciones para comprar muebles de segunda mano y puedes encontrar cosas superbaratas en Internet. Carla amuebló la habitación por unos veinte euros cuando estuvo en Berlín.
–¿Sí? Pues corro a escribirle a la agencia, a ver si todavía está disponible.
–¡Suerte!

Pista 6
Conversación 3
Vas a escuchar una conversación entre una chica y su padre.
–Sonia, mira esta alfombra. ¿No estaría bien para tu dormitorio? Los colores van muy bien con las cortinas que pusimos. Además, está rebajada, tiene muy buen precio.
–A ver... No, papá, ¡qué antiguo eres! Ese estilo está muy pasado de moda.
–¿¡Qué dices?! Tiene un estilo clásico. Eso nunca pasa de moda.
–Pero a ver, papá, tengo dieciséis años. Quiero que mi habitación sea más moderna, que tenga otro estilo. Desde luego, esa alfombra, ni hablar. Vamos, si es igual que la que tiene la abuela en el salón.
–Vale, lo que tú digas... ¿Y esta lámpara?
–¡Hala! ¡Pero qué fea!
–Fea no es, pero la verdad es que no ilumina mucho.
–¡Ay! Mira este espejo. Es precioso.
–¿Seguro? ¿No es demasiado moderno? Te vas a cansar de él en muy poco tiempo.
–No me voy a cansar. ¡Me encanta!
–Pero es que cuesta un riñón.
–Porque es de diseño.
–Puff, no sé...
–Por favor, papá. Recogeré los platos después de comer, pasaré la aspiradora, bajaré la basura...
–No, mejor harás la colada.
–¡Vale!
–Pero también tender y planchar.
–¡¿Planchar?!
–Bueno, si no quieres, no hay espejo.
–Venga, vale... ¡Trato hecho!

Pista 7
Conversación 4 (acento español y argentino)
Vas a escuchar una conversación entre una estudiante y el orientador de un instituto.
–Hola, Silvia. ¿Qué tal? Siéntate, por favor. Bueno, cuéntame. ¿Qué tal llevas estas primeras semanas en el instituto? ¿Te vas adaptando al sistema español? ¿Es muy diferente del estadounidense?
–Bastante... El contenido de las asignaturas es más teórico acá.
–¿Pero sigues bien las clases? ¿No te sientes agobiada?

−No, no. Lo único es que no estaba acostumbrada a estudiar en español, pero ya lo voy haciendo.

−Claro. Con el idioma no tienes ningún problema. El español es tu idioma por parte de madre, ¿no?

−Y de mi papá.

−Ah, ¿no era libanés?

−De origen. Sus abuelos, o sea, mis bisabuelos eran libaneses. Pero él es uruguayo. De hecho, yo nací y pasé mis primeros años allá.

−¡Anda! ¡Qué interesante! Bueno, ¿y te sientes a gusto con los compañeros?

−Sí, en general son simpáticos, pero un poco demasiado directos, ¿sabés?

−Sí, los españoles podemos parecer bruscos. De todos modos, es normal que al principio te resulte difícil relacionarte con tus compañeros y hacer amigos. Estás acostumbrada al carácter de los estadounidenses, pero tarde o temprano te adaptarás a la forma de ser de aquí.

PRUEBA 3

Pista 8 (acento mexicano). TAREA 1

La adolescencia es una etapa con enormes cambios físicos, sociales y personales, en la que los adolescentes se van a sentir abrumados por todas estas situaciones que están cambiando tanto en su cuerpo y su mente, como en su familia y en los alrededores. Y, ante toda esta situación tan abrumadora, la amistad se vuelve este refugio donde, por un momento, podemos sentarnos a conversar de aquello que nos pasa a todos y olvidarnos de la situación. Se vuelve un bastón, un apoyo social muy valioso para poder estar sobrepasando esta etapa y para esto lo enfocaré desde dos partes. La primera es la amistad entre iguales, donde son dos jóvenes, normalmente del mismo sexo, con condiciones sociales, personales y familiares similares. Estas, este tipo de amistades es muy común sobre todo en las escuelas, donde pues todos vivimos relativamente por el mismo rumbo, donde todos estamos más o menos en la misma sintonía, donde todos tenemos los mismos profesores; y este se vuelve un buen momento para poder practicar estas relaciones sociales, para poderlas llevar a cabo y también entender que todos estamos bajo la misma circunstancia. Muchas veces es un espacio para compartir situaciones emocionales, compartir experiencias y también recibir apoyo mutuo por parte de nuestros compañeros. E incluso muchas veces nuestras amistades en la adolescencia son, en cierta forma, lo que nos va a ayudar a formar nuestra identidad, eso sin mencionar el sentido de pertenencia, que, en esta etapa, se vuelve muy valioso. Hablamos de amistades de adolescentes del mismo sexo. Cuando hay amistad entre chicos y chicas nos ayuda muchas veces a tener una perspectiva diferente, a enriquecernos, porque muchas veces si un chico va con su grupo de chicos va a tener la visión, pues, de los chicos. En cambio, si va con una chica, va a tener una visión diferente, porque ella entiende el mundo de manera diferente. También este tipo de amistades nos ayudan a desafiar roles de género, a desafiar aquello que estaba preestablecido y a replantearnos cómo es relacionarnos con alguien del sexo contrario. Se vuelve valioso para fomentar la empatía y comprensión. De todas maneras, las amistades son muy valiosas, porque muchas veces nos dan esta red de apoyo social adicional que la familia no puede cubrir, que los padres no pueden cumplir, ya que sus funciones son otras. Esta amistad nos da nuevas visiones, nuevas formas, nuevos entendimientos. Y sí, no solo entre iguales, también entre chicos y chicas, para poder entendernos a nosotros y entender el mundo que nos rodea.

EXAMEN 2

PRUEBA 2

Pista 9. Tarea 1

Persona 0

Vivo en una ciudad pequeña de provincias y en la universidad aquí no ofrecen la carrera que quiero hacer: Criminología. En Valladolid hay una universidad privada que ofrece este grado, pero resulta muy caro. Además, tendría que alquilar un piso y vivir por mi cuenta. No podría permitírmelo. La otra opción es hacerlo en línea, pero yo prefiero presencial.

Persona 1 (acento mexicano)
Pues, en principio, mi idea era estudiar Arquitectura. Desde bien pequeña, mis juguetes favoritos eran los de construcción, pero no las tengo todas conmigo. Al parecer, este año la nota de corte para Arquitectura es altísima y el primer año del bachillerato no se me dio muy bien, la verdad. Y eso me ha bajado mucho la media. Espero no tener que buscar un plan B.

Persona 2 (acento chileno)
Mis padres son abogados, mi abuelo fue juez, mi hermano mayor está estudiando Derecho. Y creo que todo el mundo asume que yo iré por el mismo camino. En principio, no me disgusta la idea. He crecido entre libros de leyes y discusiones sobre casos que llevaban mis padres. De todas formas, todavía es pronto para decidir. Hay otros muchos campos que me atraen.

Persona 3
Yo estoy pensando en una formación profesional, concretamente de Diseño. No me gusta mucho estudiar cosas teóricas, prefiero las cosas prácticas y creativas. Al principio, no estaba segura de cómo se lo tomarían mis padres, porque ellos siempre han estado empeñados en que tuviéramos estudios superiores, pero hablé con ellos y me dijeron que es mi vida y están conmigo al cien por cien.

Persona 4 (acento peruano)
Mis padres trabajan en una empresa multinacional y hemos vivido siempre fuera de España. Yo he estudiado el bachillerato en Canadá, pero quiero hacer mis estudios universitarios en Valencia. En concreto, quiero hacer Ciencias de la Información, pero antes tengo que hacer un montón de papeleo: traducciones, convalidaciones, certificaciones... y mis padres no están aquí para ayudarme. ¡Una pesadilla!

Persona 5
Siempre he sacado sobresalientes y notables, incluso mis hermanos me llamaban *empollona*, pero aun así no tengo la media suficiente para entrar en Ingeniería en la Politécnica de Madrid, que es donde quiero estudiar Ingeniería Industrial. Ha sido un buen chasco. La solución que me han dado es empezar en otra universidad de menos prestigio e intentar trasladar mi expediente más adelante. Espero poder conseguirlo.

Persona 6
Desde primero de bachillerato he tenido muy claro lo que quería estudiar: Filosofía. Mis amigos me miran como si estuviera loco y mi familia me dice que me lo piense bien, que es una carrera sin salidas, que a dónde voy con eso, pero estoy completamente decidido. Quiero estudiar algo que me apasione. Y, si luego tengo que trabajar de cualquier cosa, no me importa.

Persona 7 (acento mexicano)
El año pasado empecé Interpretación y Traducción. No es que no me gustara, pero me resultó muy difícil y, además, me di cuenta de que no era lo mío, así que este año no me he inscrito. Voy a hacer Magisterio, pero he pensado que me matricularé el próximo curso y este año lo dedicaré a aprender idiomas, viajar... Intentaré buscar algún trabajillo para los gastos.

Pista 10. Tarea 2
–Una palentina ha conseguido la mejor nota de Castilla y León en la Prueba de Acceso a la Universidad. Se trata de Irene Peña y estamos con ella. Enhorabuena lo primero, Irene. ¿Qué has sentido al saber que tenías la mejor nota? ¿Te lo esperabas?
–Pues la verdad es que no me lo veía venir, porque se presenta muchísima gente. Entonces piensas: ¿cómo ser la primera entre los no sé si son cientos, o miles, de mi distrito? Y, además, porque siempre crees haber fallado en alguna cosa. Fue bastante gracioso, porque me llamaron cuando yo todavía no había llegado a ver las notas. Entonces me lo dijeron y eso... muy, muy contenta.
–Un 9,89: una nota que muchos no habrán visto en toda su carrera académica.
–Pues sí, la verdad. Además, como la media de bachillerato la llevaba muy bien, entonces no estaba muy agobiada, porque decía: a poco que me salga bien la prueba, voy a sacar una buena nota.
–¿Has sido una estudiante constante desde que iniciaste tus estudios de secundaria?
–Sí. Especialmente este último año es cuando más he estado estudiando y he tenido que ponerme más seria, llevarlo todo al día, sin perder la constancia nunca. Porque, conforme van avanzando los cursos, cada vez es más complicado y cada vez te tienes que centrar más y ser más consciente de lo que tienes que hacer.
–Para aquellos que piensan que estudiar supone sacrificar algo o dejar de lado igual otras cosas, ¿tú crees que sí?

—Hombre, sí, porque sacrificas tiempo que, al fin y al cabo, pues es lo que tienes y lo que puedes emplear para hacer otras cosas. Entonces tienes que considerar si a ti eso te resulta rentable o no. Si prefieres emplear tu tiempo en otras cosas, o si te va a rentar ese esfuerzo. Cada uno puede considerar lo que es mejor para él, pero siendo consciente de que, si quieres una buena nota, tienes que esforzarte.
—Irene, ¿qué te han dicho en tu instituto, en el Virgen de la Calle?
—Ay, pues todo el mundo muy, muy contento y muy orgulloso y felicitaciones por todas partes. Fui al instituto nada más enterarme de las notas, a agradecerles a los profesores, porque ellos me han ayudado mucho a conseguir esto. Fue muy emocionante, aunque la verdad es que fue cosa de mi padre, a mí no se me había ocurrido. Estaba en una nube: ni me podía creer las notas que había sacado.
—¿Qué especialidad has cursado dentro de la secundaria?
—Pues el bachillerato de Ciencias. Bueno, en secundaria, a partir de tercero o cuarto, me incliné por las ciencias, pero, en bachillerato, por Ciencias y Tecnología, porque mi meta es estudiar Arquitectura, aunque dicen que es una carrera larga y difícil... Y, bueno, voy un poco asustada, porque todo el mundo dice que es muy exigente.
—Lo que no vas a tener problema es para elegir cualquier universidad.
—No, la verdad es que no, porque, vamos, sería muy, muy inesperado que no me cogieran con la nota que... que tengo. Ya he hecho los papeles para la universidad. Bueno, la preinscripción, porque, hasta que no salgan las listas, que creo que salen a mediados de mes, pues no sabré, así que todavía tengo que esperar.
—¿Cómo calificarías la enseñanza que tenemos aquí? En tu caso muy bien, ¿no?
—¿En el caso de Palencia, dices? Hombre, pues yo no tengo queja, pero no sabría decirle, porque no tengo con qué compararlo, ¿sabes? Tengo compañeros que han estado antes en otras regiones, o incluso en otros países, y te cuentan cosas, pero a mí me ha servido para conseguir una buena calificación y llegar hasta donde quería llegar.
—Pues enhorabuena y que, bueno, pues que disfrutes de ese merecido verano.
—Muchas gracias.

Pista 11 (acento argentino). TAREA 3
Luego de la Segunda Guerra Mundial nació el concepto de la *clase media*. Era una época donde había pleno empleo. Las personas estaban preparadas para trabajar toda su vida en una empresa. Vivían luego de su jubilación un periodo máximo de diez años. Hoy día los trabajos tienen un promedio de cuatro a cinco años. Ya no hay pleno empleo y las personas, luego de jubilarse, viven un promedio de hasta 20 años o inclusive más. A nivel empresarial, la eficiencia y la productividad están cada vez más en manos de la inteligencia artificial, lo que nos permite afirmar, como dijo Jeremy Rifkin, que hoy el Producto Bruto Interno de un país puede crecer con cero factor de trabajo humano. Con el avance de la digitalización y la automatización, nuevas fuerzas están transformando el mundo del trabajo y causan desocupación estructural, pero también nuevas oportunidades.
Los cambios políticos significativos a lo largo de la historia responden a nuevos sistemas económicos que son determinados por saltos cualitativos y tecnológicos. Debemos enfocarnos más que nunca en lo que nos hace humanos, como la ética, los valores, el arte, la creatividad y la innovación y, sobre todo, el trabajo en equipo. En esta era híbrida, hoy somos nosotros los que debemos hacer las preguntas y los robots están para las respuestas. El incremento de la expectativa de vida, la llegada de la mujer al mercado laboral, la integración de las nuevas generaciones, la globalización, la hiperconcentración humana y la aparición de otros modelos de negocios están remodelando los negocios. Con ello, una infinidad de nuevos trabajos se asoman, generando nuevas oportunidades. Así como a principios del siglo XXI no existían los desarrolladores de *apps* ni los analistas de *big data*, ni los ingenieros para automóviles sin conductor, dentro de poco habrá fabricantes de partes del cuerpo humano, granjeros para ganado genéticamente modificado, etc. Y de todo eso no estamos muy lejos, puesto que la revolución 4.0 es aquí y ahora. Las tecnologías exponenciales que traerá consigo la cuarta revolución industrial son el futuro, puesto que posibilitarán el acceso a millones de personas a una multiplicidad de recursos inimaginados años atrás. Vivimos en un mundo VICA, es decir, Volátil, Incierto, Complejo y Ambiguo. En este contexto, la concepción del trabajo ha evolucionado lentamente y es imperioso revisar viejas concepciones, ya que varios estudios predicen que la tecnología va a destruir más puestos de los que se van a crear. Sin embargo, se espera que pronto la mayoría de la humanidad esté conectada a través de sus teléfonos móviles, generando así un nuevo mundo del comercio donde ya prácticamente se predice que muy pronto el 80 % del comercio será a través de *e-commerce*. El empleo va camino a ser en gran medida por encargo, o

freelance. Por eso, al hablar del futuro del empleo no tenemos que hablar de crear puestos de trabajo, sino de la innovación, del emprendimiento, puesto que el trabajo del futuro será mental y social, será móvil y cambiante, llevándonos a que tengamos que reinventarnos cada 10 años; y esto va de la mano con que el campo del conocimiento actualmente se duplica cada 73 días y en el futuro próximo se duplicará cada 12 horas. Los que más ganen serán los que aporten más valores humanos y sociales, no solo tecnológicos, debido a que todos, tarde o temprano, estaremos conectados mentalmente con la nube. Debemos enfrentarnos al reto que nos depara el futuro cercano no buscando empleo, sino creando nuevos modelos de negocio, porque en nuestra mente está el empleo del futuro.

Pista 12. TAREA 4
Conversación 1
Vas a escuchar una conversación entre dos estudiantes.
–Hola, Marta. ¿Qué haces?
–Aquí estoy, intentando apuntarme a un curso de inglés para septiembre.
–¿Y eso?
–Es que he aprobado el Inglés por los pelos, por poco me suspenden, y el próximo curso me quiero poner las pilas desde el principio.
–¿Pero no vas a ir este verano a Irlanda?
–Sí, pero, con todo y con eso, quiero hacer un curso. Es que soy una negada para las lenguas.
–Pues bien pensado, entonces.
–Oye, ¿tú ya tienes claro qué optativas vas a elegir? Yo estoy hecha un lío.
–Pues yo tenía muy claro que quería hacer Economía y Matemáticas Aplicadas a las Ciencias Sociales.
–¿Matemáticas? ¡Qué difícil!
–A mí se me dan bien y, además, las va a dar Isabel, que, aunque todo el mundo dice que es un hueso, da fenomenal las mates. Nunca he tenido una profesora como ella. Lo malo es que me coincide con el baloncesto, así que me da que voy a tener que coger Historia.

Pista 13
Conversación 2
Vas a escuchar una conversación entre una profesora y un alumno.
–Hola, Carlos, pasa. Me imagino que quieres hablar del examen…
–Sí, es que me he quedado un poco chafado con el resultado. Sabía que no lo había hecho perfecto, pero un cinco…
–¿Te resultó difícil?
–Al contrario, me pareció chupado, por eso me he quedado alucinado al ver la nota.
–Mira, vamos por partes. El contenido no está mal, aunque podrías haber desarrollado un poco más las preguntas, pero bueno, como siempre os digo, lo bueno, si breve, dos veces bueno. El problema real es que no has puesto ni un acento, y ¡hasta he encontrado un verbo *haber* sin hache!
–¡Vaya! Debió de ser por los nervios.
–Por lo que sea, el caso es que os llevo advirtiendo desde principios de curso de que, para mí, eso es fundamental y de que no voy a pasar ni una. De cualquier modo, tranquilo. La verdad es que esperaba notas más altas no solo de ti, sino de toda la clase. Habéis hecho en general un examen bastante flojo y eso que sois un grupo muy participativo. Os merecéis una mejor calificación. Pensé subir un par de puntos en general, pero al final me ha parecido más justo hacer otra prueba la próxima semana sobre lo mismo, para daros la oportunidad de mejorar la nota.

Pista 14
Conversación 3 (acento chileno y español)
Vas a escuchar una conversación entre un hijo y su madre.
–Mamá, ¿te acuerdas de lo que te comenté de tener un trabajito este verano? Pues me ha salido una oportunidad.
–¡Qué bien! ¿De vendedor en la tienda de deportes que me comentaste?
–Bueno, esos me llamaron, pero es que querían que me incorporara ya mismo y todavía no había terminado los exámenes. Es de monitor en un campamento de verano, pero me lo estoy pensando, porque tendría que estar en un pueblo de la sierra a las 7 de la mañana.

–¡Qué barbaridad! ¿Y por qué no haces como tu hermana, dar clases de apoyo a chicos de secundaria?
–Sí, eso va a ser lo más sensato.
–¿Y qué vas a hacer con el dinero que consigas?
–Pues de momento no quiero gastarlo. Me vendrá bien para cuando haga el máster.
–¿Y aquel viaje a Ibiza que querías hacer con tus amigos?
–Sí, al principio ese era mi plan, pero es que ni siquiera está claro que lo hagamos al final.
–¿Y por qué no te compras un patinete eléctrico para ir a la uni, el próximo año?
–Es que la abuela me prometió comprarme uno si aprobaba el curso.

Pista 15
Conversación 4
Vas a escuchar una conversación entre una chica y el jefe de estudios.
–Adelante, pasa, pasa. Siéntate. Tú eres Alicia Mellado, ¿no? Bueno, para empezar, háblame un poco de ti, de tus virtudes y de tus defectos…
–Pues soy bastante trabajadora y me adapto muy bien a la gente y a las situaciones nuevas, pero creo que lo que más me define son mis expectativas para el futuro: tengo muchos planes y no me conformo con cualquier cosa. Otra característica mía es que me encanta aprender y tener experiencias nuevas. Sin embargo, quizás por tener tantos intereses, no acabo de terminar nada, pero estoy trabajando en ello y pienso que he mejorado bastante últimamente.
–¿Y por qué has pedido esta beca?
–Me gustaría dedicarme a la cooperación internacional y esta beca me daría la oportunidad de saber si ese mundo me interesa de verdad.
–Vaya, veo que cumples 18 años en mayo, y en la convocatoria dice que hay que tener no más de 17 durante el programa, o sea, la primera quincena de junio.
–¡Vaya! No lo sabía.
–Bueno, no te preocupes. Pronto va a salir la convocatoria de las becas Horizonte, que son hasta los 21 años, así que no dejes de mirar la página web de la Consejería de Educación, porque están a punto de salir y así tienes otra oportunidad.

PRUEBA 3

Pista 16 (acento argentino). TAREA 1
¿Estás empezando a estudiar para un examen, o querés aprender algo nuevo, y no sabés por dónde empezar? No te desanimes, existen una serie de técnicas que te pueden ayudar. En esta charla te comparto unos consejos prácticos y probados científicamente sobre cómo aprender desde cero.
La primera recomendación es proponerte objetivos de aprendizaje pequeños, para que no termines abrumado por la cantidad de cosas que tenés que aprender; es decir, dividís y ganás, y empieza con sesiones de estudio cortas. De cualquier modo, probablemente tengas mucho que asimilar y para eso sirve la segunda técnica.
Se trata de una técnica de estudio desarrollada por el ganador del premio Nobel Richard Feynman. Tiene cuatro pasos. Primero escribís todo lo que ya sabés sobre el tema elegido, de la forma más sencilla y didáctica posible. Luego, explicás todo lo que escribiste como si estuvieras hablando con un niño imaginario o con alguien que sabe poco o nada del tema. En otras palabras, explicar las cosas en voz alta ayuda a retener el conocimiento. Siguiendo con la técnica de Feynman, el tercer paso es identificar las lagunas en tu aprendizaje. Si no pudiste explicar con claridad o responder preguntas básicas, eso te ayuda a determinar qué es lo que aún te falta por aprender. Y este es el momento en el que realmente empiezas a aprender. Acá podés buscar fuentes fiables en línea, libros, pódcasts, apuntes escolares, y explorar lo que aún te falta por comprender. Y, así, en el cuarto y último paso vuelves a tus apuntes originales, anotá la nueva información y tratá de explicarlo de nuevo de forma que un niño lo pueda entender, hasta que sientas que dominás el tema.
Otra estrategia es tomar notas, porque es una buena manera de consolidar conceptos difíciles y concentrarse, especialmente si escribís a mano.
Si te cuesta concentrarte en tus estudios sin distraerte con las notificaciones de WhatsApp o los vídeos de TikTok, recorda que la concentración también es algo que se entrena. Hay una conocida técnica de concentración y recompensa que consiste en intercalar periodos de estudio con breves descansos y recompensas para el cerebro.

Otro punto importante es que el cerebro necesita descansar para consolidar una experiencia de aprendizaje particular y convertirla en un recuerdo imborrable, así que hay que tener esto en cuenta incluso si vas a contrarreloj. La evidencia neurocientífica sugiere que necesitas crear un horario de estudio que no sobrecargue tu mente, porque esto no dará resultados: que nunca sea más de ocho horas al día.

En la misma línea, dormir también es parte crucial del proceso de aprendizaje. De hecho, podés aprovechar los minutos antes de acostarte para pensar un concepto o aclarar tus ideas.

¿Y cuál es la mejor manera de utilizar la inteligencia artificial para estudiar? Puede ser útil para simplificar conceptos mediante metáforas, ayudarte en tu motivación y despertar tu curiosidad.

Por último, recompensar a tu cerebro es una estrategia útil para facilitar el aprendizaje, especialmente cuando estás estudiando un concepto difícil. En los momentos en que no hay otra, y tenés que trabajar muy duro largo rato, si hay algo que te gusta mucho, como por ejemplo ver una serie, prémiate con ver un capítulo: eso es algo que puede inspirarte y ayudarte en estos momentos difíciles.

EXAMEN 3

PRUEBA 2

Pista 17. TAREA 1

Persona 0
Me encantan las películas de terror, y la del *Exorcista* es un peliculón. Esa música inquietante y la tensión que genera me da un subidón de adrenalina. La primera vez que la vi tenía siete años, y me dejó tan impactado que estuve semanas sin poder dormir. A la gente le extraña que me guste el terror, aunque por la noche tenga pesadillas, pero ese es el objetivo de las películas, impactarte, ¿no?

Persona 1
El Padrino es de esas películas que no me canso de ver. Para mí, es una de las mejores películas de la historia. Me encanta cómo muestra el poder, la familia y la traición con tanta intensidad. Y es que a mí siempre me han fascinado las películas sobre mafias. Además, la interpretación es brillante, sobre todo la de Al Pacino, y, junto con su música tan icónica, logra que te metas completamente en la trama.

Persona 2
Terminator es, sin duda, mi película favorita. La película está llena de escenas de acción emocionantes y frases míticas. Además, los efectos especiales son impresionantes para su época. Si no me la he visto como veinte veces, no la he visto ninguna. Casi que me la sé de memoria, pero para mí la versión doblada no es tan buena. Pierde mucho sin la voz real de Arnold Schwarzenegger.

Persona 3 (acento argentino)
Una de mis películas favoritas es la de *Eduardo Manostijeras*. ¡Es una película preciosa! Sobre todo, el decorado y el vestuario, que crean una atmósfera mágica. La historia es conmovedora, aunque un poco triste, pero pone en valor la importancia de la empatía y la tolerancia. En realidad, todas las películas de Tim Burton son espectaculares, con ese estilo suyo tan emblemático y original.

Persona 4 (acento chileno)
Si tuviera que elegir una película que me haya marcado, esa sería la de *Forrest Gump*. Tom Hanks hace de un chico sencillo e inocente con un gran corazón, siempre dispuesto a ayudar a los demás. Este personaje me ha mostrado que no necesitas ser extraordinario para hacer cosas extraordinarias. Solo necesitas ser perseverante y optimista, y no rendirte por muchos obstáculos que te encuentres.

Persona 5 (acento argentino)
Mi padre es un gran fan de *Star Wars*. De hecho, fue a los estrenos de todas las películas de la saga, e incluso estuvo en el rodaje cuando grabaron en Sevilla. Desde muy pequeña, me las ponía en casa y poco a poco me fue metiendo en su mundo. Por eso, esta saga es tan especial para mí, porque la asocio con mi papá y me trae muchos recuerdos, como cuando nos disfrazábamos de los personajes en carnaval.

Persona 6
Me encantan las películas de *Rocky*. La historia de superación del protagonista me inspira muchísimo. La banda sonora es increíble y te llena de energía y motivación, de ahí que la tenga en mi lista de reproducción para el gimnasio. Cuando estoy haciendo deporte, me imagino a mí mismo en esa mítica escena en la que Rocky sube las escaleras corriendo y levanta las manos en señal de victoria.

Persona 7 (acento mexicano)

Mi género favorito son las películas románticas y, sin duda, *Titanic* es la película romántica por excelencia: esa historia de amor imposible entre Jack y Rose, cómo están dispuestos a darlo todo el uno por el otro y la parte en la que están los dos con los brazos abiertos, como si estuvieran volando por encima del océano. Se me encoge el corazón cada vez que veo el final. Me temo que las expectativas del amor que crean son el motivo por el que difícilmente encontraré pareja.

Pista 18 (acento argentino y peruano). TAREA 2

—Hoy tenemos con nosotros a Rafael Pascuale, para mí, uno de los mejores artistas peruanos de esta generación. Muchas gracias por estar acá con nosotros, Rafael.

—Gracias a ustedes por invitarme. Mucho gusto.

—Contanos: ¿cómo fue tu acercamiento al arte?

—Bueno, yo siempre he dibujado. Dibujo desde muy niño. Es algo que siempre me ha gustado, pero realmente empecé a tomármelo en serio cuando ya había regresado de los Estados Unidos. Es que viví toda mi adolescencia allá y luego estuve un año viviendo en México. Regresé a Perú a los veintiuno y comencé a experimentar con pintura y todo eso. Empecé a investigar en Internet y descubrí a Lucian Freud, que me fascinó. Creo que fue mi primer acercamiento, comenzando a ver obras por Internet. El Internet me ayudó mucho.

—Vos te considerás autodidacta, ¿no? ¿Cómo fue tu proceso de aprendizaje?

—Es cierto. Cuando era más joven lo que hacía era, en los Estados Unidos, ir a la biblioteca pública y buscar y mirar libros de cómo dibujar. Luego, ya cuando fui creciendo y la tecnología fue avanzando, me di con la sorpresa de que hay tutoriales en todos lados, y el YouTube fue una herramienta excelente y muy útil para hacerlo. Internet nos proporciona un sinfín de recursos para desarrollar nuevas técnicas. Eso y el ensayo error, y hacer y hacer y hacer todo el tiempo. No he parado de aprender al hacerlo. Siempre hay algo nuevo que se puede aprender.

—Eso es verdad. ¿Y es cierto que usás técnicas barrocas en tus obras?

—Así es. Uso una técnica que también usaba Caravaggio, que en inglés se llama *scumbling*. Esta técnica consiste en crear un volumen usando el color blanco y el color tierra como elemento de construcción del dibujo, generando el contraste. Cuando descubrí esta técnica, me resultó fascinante, porque era como dibujar pintando. Entonces es como yo dibujo pintando al comienzo: creo la forma y le voy agregando y agregando y agregando materia, y no pienso en pintar, solamente pienso en crear forma, en construir. Es casi, casi, como si estuviera esculpiendo veladuras, y eso viene en los estudios de la pintura de Flandes, de la pintura de Van Dyck, de Rubens, que son capas de color transparente que vas poniendo y poniendo y poniendo una sobre otra para generar un color.

—¡Muy interesante! ¿Y de dónde viene tu inspiración?

—A ver, pues mi inspiración proviene de un intento de encontrar lo que se halla en el inconsciente del ser humano, algo que todos podemos entender y al mismo tiempo no entender cuando ves esa imagen trastocada. Hay muchos más temas que rodean mi trabajo para llegar a esta distorsión, entre ellos digamos la fragilidad del cuerpo, la distorsión entre lo que creemos que somos como ser físico y lo que somos como ser consciente, ¿no? Eso es algo que tengo muy presente cuando creo una obra.

—También quería que nos contases sobre la experiencia estética.

—Para mí hay una conexión interesante entre el creador, lo creado y el espectador, y eso es bueno saberlo, porque no hay un control en lo que sucede cuando la obra ya ha sido creada. La obra deja de pertenecer al artista, solo le pertenece el proceso. Y, una vez que ya está expuesta, se crea una conexión entre la obra y el espectador, generando en él una serie de sensaciones y emociones. Es algo que se ve a través de la historia, no solamente en la pintura, sino también en el cine, la fotografía... La mayoría de mis referentes transmiten esa sensación.

—Y, en el aspecto más personal, ¿cómo sentís tu obra?

—Esa es una buena pregunta. En mi caso, yo siento que simplemente es una extensión mía. Es una búsqueda de entender mis propias preguntas, entender mi realidad, entender a los demás, y con eso lograr que surjan más preguntas. Al final es eso, y es eterno, es un círculo que siempre va a seguir, es una rueda que siempre va a seguir girando. Y, bueno, para eso he venido aparentemente al mundo. Ese parece ser el propósito de mi vida.

—Bueno, muchísimas gracias, Rafael. Ha sido un auténtico placer tenerte acá dándonos una visión más profunda de tus obras. Gracias.

–Gracias. El placer ha sido mío.

Pista 19 (acento peruano). TAREA 3

¿Cuántas veces hemos escuchado la frase «los jóvenes ya no leen»? Y es que por algún motivo se ha instalado esa creencia durante los últimos años, repitiéndose constantemente en discursos mediáticos y conversaciones cotidianas. ¿Pero saben qué? Es mentira, porque los jóvenes sí están leyendo. Y no solo están leyendo, sino que, contrariamente a lo que también se podría pensar, no están leyendo solamente en formatos digitales, sino que prefieren los libros físicos, *desafiando así muchos de los prejuicios existentes.*

Eso fue lo que aseguró la agencia de noticias británicas Reuters, y se debería a que los nativos digitales buscan experiencias más allá de las pantallas. De hecho, según estudios realizados en Inglaterra, el 68 % de los *centennials* prefiere libros físicos, frente a un 42 % que prefiere *e-books*. Pero no solo eso, sino que la generación Z destina incluso más tiempo a la lectura impresa que las generaciones anteriores, ya que asocia esta acción con la credibilidad y desconexión, algo que las generaciones pasadas no hacían, *o al menos no de la misma manera.*

Pero analicemos este fenómeno con mayor profundidad. La generación Z creció con las redes sociales, la tecnología y el *boom* de la web. Con apenas 12 o 15 años, la mayoría ya tenía su propio *smartphone,* además de contar con consolas o diferentes pantallas que los insertaban en un mundo completamente conectado. Pero, contra todo pronóstico, pese a ese contexto, o quizás más bien a consecuencia de este, ellos mismos han decidido destinar mayor tiempo a la lectura precisamente para escapar de la nube virtual, adentrándose en historias que los llevan verdaderamente a otras dimensiones y los estimulan de una forma diferente que el consumo de las pantallas.

Por otro lado, hablemos ahora del consumo de información. Resulta que esta generación es muy difícil de abordar desde el punto de vista de la comunicación, ya que están constantemente bombardeados por la información, lo que reduce su atención y aumenta su nivel de desconfianza. Pese a eso, los textos impresos podrían tener la llave, ya que esta generación les da mayor credibilidad. ¿Por qué? Pues porque, al ser nativos digitales, saben cómo funcionan la web y las redes sociales, entendiendo que cualquier persona puede escribir lo que se le antoje sin tener ningún tipo de fuente veraz. Es por eso que esta generación da mayor credibilidad a diarios, revistas o cualquier tipo de texto impreso, ya que vienen con fuentes y la información puede ser corroborada rápidamente. Además, esto se asocia con la calidad, ya que la rápida desaparición de muchos textos impresos ha generado que se mantengan solo aquellos que tienen una gran cantidad de fieles seguidores que siguen comprando sus impresiones, lo cual hace que estos sean verídicos o, por lo menos, dignos de ser leídos. Según un reciente estudio, el 83 % de esta generación consulta periódicos en busca de información y contenido, mientras que un 34 % lo busca en revistas. Y nosotros que pensábamos que los medios escritos estaban muriendo…

Pero volvamos a los libros. Y es que, como dijimos, la generación Z está tan sobreestimulada todo el tiempo, con tantas pantallas, que los libros representan una excelente forma de desconectarse de ellas, permitiéndoles recuperar la concentración y el disfrute pausado. En un mundo completamente agitado, en donde la ansiedad, el ruido y la información son constantes, la intimidad que se puede lograr al leer un libro impreso es algo que ellos valoran increíblemente. Es por esto que el fenómeno de los *booktubers* cada vez cobra más fuerza entre los jóvenes. Esta tendencia surgió más o menos por el 2009 entre usuarios de países anglosajones, pero con el tiempo empezó a ganar bastante popularidad también entre los usuarios hispanohablantes, y básicamente se trata de jóvenes contando reseñas sobre los libros que van leyendo en plataformas como YouTube, Instagram o incluso TikTok.

Pista 20. TAREA 4
Conversación 1

Vas a escuchar una conversación entre dos amigos.

–¿Salimos esta noche a cenar?

–Venga, vale.

–¿Dónde te apetece quedar?

–Me da igual. Mientras no sea al *Burger* otra vez... Siempre vamos.

–¿Has visto que han puesto un restaurante nuevo en mi calle?

–¿Sí? ¿Dónde?

–Al lado del estanco. Donde estaba el hostal.

–¡Ah, sí! Estuve la semana pasada.

–¿Y qué te pareció?

–La verdad es que está bastante bien para tapear. ¡El pincho de tortilla está de muerte!

–¿Mejor que la tortilla de mi padre?

–Hombre, es que la de tu padre pone el listón muy alto. Pero bueno, que en general las raciones están muy bien, aunque las porciones son un poco pequeñas para lo que cuestan.

–Vaya…

–Pero vamos, merece la pena. Tienen mucha variedad y está todo muy rico.

–¿Qué te pediste?

–A ver, que recuerde… Pedimos el pincho de tortilla, una de berenjenas con miel, una ensaladilla rusa y unas patatas con alioli. Me quedé con ganas de probar las croquetas. Dicen que están muy buenas.

–¿Te parece que vayamos, y así las pruebas?

–Vale. Dile a Nacho que se venga, si quiere.

Pista 21

Conversación 2 (acento argentino y español)

Vas a escuchar una conversación entre dos amigos.

–¡Felicitaciones por tu exposición! ¡Mira cuánta gente vino! Es que tenés mucho talento.

–Muchas gracias. La verdad es que estoy muy ilusionado.

–No me extraña.

–¿Qué cuadro te gusta más?

–Amigo, la verdad es que es difícil elegir uno. ¡El de la bailarina es una obra maestra!

–¡No exageres!

–Te lo digo en serio. Tiene un estilo impresionista.

–Es que en esta colección me he inspirado mucho en Manet y Monet.

–Se nota. También me gusta mucho el del lago.

–¿En serio? Pues fíjate que estuve a punto de no incluirlo en la exposición.

–¿Y eso?

–No sé. Hay algo que no me termina de convencer, pero no sé el qué.

–¡Cómo son los artistas…! Siempre haciéndose los modestos. Te lo digo de verdad. Creo que es incluso mejor que el de la bailarina.

–Si tanto te gusta, te lo regalo.

–No, no, no, no. ¡Ni se te ocurra!

–Que sí. Que me has ayudado a montar la exposición. Además, no te regalé nada por tu cumpleaños.

–No, no, me da cosa. Y es uno de los grandes.

–Que no seas boba. Cuando acabe la exposición te lo llevas.

Pista 22

Conversación 3 (acento español y chileno)

Vas a escuchar una conversación entre un chico y su abuela.

–¿Diga?

–Hola, abuela. Soy yo.

–Hola, cariño. Llegasteis ayer a Salobreña, ¿no?

–Sí, llegamos a la una de la madrugada.

–¡Uy! ¡Qué tarde!

–Sí, es que el auto no arrancaba, así que papá lo tuvo que llevar al taller.

–¡Qué faena!

–Ya ves. Encima nos pilló una tormenta en el camino.

–¡Vaya! Bueno, hijo, cuéntame. ¿Qué tal?

–Bien. Hoy hemos estado toda la mañana en la playa. Yo quería hacer *kitesurf*, pero a mamá le pareció demasiado caro. Paula propuso alquilar un kayak, pero nos dijeron que había que reservar con antelación, así que reservamos para la tarde y nos hemos quedado en la playa jugando a las cartas.

–¿Y qué planes tenéis?

–Pues sobre todo estar en la playa, pero también estamos pensando en ir al castillo algún día. También se ve que hay un mercadillo los martes y viernes, y tiene bastante fama, así que supongo que iremos pasado mañana.

–Y no te olvides de comprarle un regalo a tu abuela…

–Claro, buscaré algo para ti.

–¡Que no! Que lo decía en broma.

–¡Que sí, abuela!

–¡Ay, pero qué majo es mi nieto!

Pista 23
Conversación 4

Vas a escuchar una conversación entre dos amigos.

–A ver cómo han quedado las fotos...

–Mira. ¡Uy! Esta no nos vale. Ha salido movida.

–¡Qué pena! ¿Y esta?

–Tampoco. ¿Ves? Los pies salen cortados.

–¡Vaya!

–Mira, esta ha salido bien encuadrada.

–No, esta no, que salgo horrible.

–¡Qué dices! Con lo fotogénico que eres.

–Es que es el color. No debería haberme puesto esa camiseta. El naranja me sienta como un tiro. Mira lo pálido que se me ve.

–A mí no me lo parece, pero si quieres puedo retocarla.

–¿No se notará?

–Por supuesto que no. Hice un curso de Photoshop y no veas las cosas que he aprendido a hacer.

–¿Ah, sí? ¿Entonces me podrías quitar estos granitos...?

–Claro. Eso es muy fácil. Espera... Ya está. Mira cómo ha quedado.

–¡Fenomenal! Ahora solo queda imprimirla y enmarcarla.

–Pues elijamos el marco ahora. ¡Mira este, qué bonito!

–Sí, no está mal... ¡Ay! Mira este. Me encanta.

–No, este no va con el estilo de la foto.

–¡Jo! Siempre eliges tú.

–Porque tengo mejor gusto.

–¿Y si lo echamos a suertes?

PRUEBA 3

Pista 24 (acento mexicano). TAREA 1

El arte forma parte integral del desarrollo del ser humano. Es necesario que cultivemos habilidades artísticas, sobre todo cuando somos jóvenes, porque el arte es capaz de enseñar a pensar creativamente, para resolver problemas y enfrentar los desafíos que se presentan en la vida cotidiana, *aportando un enfoque único para abordar las dificultades diarias.* Cuando las y los jóvenes se adentran en el mundo artístico, aprenden a compartir y reflexionar sobre ellos mismos, las personas y las circunstancias que les rodean. También promueven su autoestima, logrando que puedan superar los retos que los lleven, a través del cambio, hacia el éxito personal, fomentando un sentido de propósito y motivación para seguir adelante.

Actualmente, el número de jóvenes interesados en el arte va en aumento, pero, lamentablemente, en la mayoría de las ocasiones no cuentan con el respaldo, apoyo o recursos económicos necesarios para llevar a cabo sus expresiones artísticas, por lo que se ven obligados a dejarlo y a cambiar de intereses. *Es fundamental que las instituciones y la comunidad trabajen juntas para garantizar que cada joven tenga acceso al arte, independientemente de su situación económica.* Por eso, desde el Instituto de Aguascalientes de la Juventud buscamos apoyar el arte y la cultura a través de programas, porque sabemos que los beneficios son múltiples. Les ayuda a expresar sus emociones, generar vínculos afectivos, estimular su creatividad y expandir su conocimiento, *lo que resulta en una sociedad más consciente, empática y diversa.* Desarrollan su personalidad y les genera una sensación de satisfacción personal, *brindándoles también herramientas para enfrentar los retos de la vida de una manera más madura y reflexiva.*

El proyecto más reciente que tenemos se llama Distrito Artístico Tres Centurias, un lugar que estará conformado por más de sesenta murales realizados por las y los jóvenes artistas de Aguascalientes. Son murales hechos con diferentes técnicas de grafiti que reflejan gustos e intereses pertenecientes a todas las juventudes, *en un espacio de libertad creativa que aboga por la inclusión y la diversidad de expresiones artísticas.* Actualmente, contamos con murales en seis calles peatonales que narran la historia de Aguascalientes, representados en una línea del tiempo y abarcando desde la Prehistoria hasta la proyección futurista del estado dentro del plan 2045, *lo que permite visualizar las raíces culturales de la ciudad mientras se impulsa la mirada hacia el futuro.*

Las y los invito a que conozcan el centro cultural de Gómez Morín. Aún falta terminar de plasmar las ideas de los jóvenes y nos encantaría que cada vez más personas se sumaran a este proyecto: artistas, sociedad civil y empresas, porque los espacios son nuestros y nosotros debemos generar el cambio que nos impulse a ser una mejor sociedad, *apostando por el arte como un motor de transformación y crecimiento personal y colectivo.*

EXAMEN 4

PRUEBA 2

Pista 25. TAREA 1
Persona 0
Pues a mí me encanta Cuenca, quizá porque es la ciudad de mis antepasados. Es una ciudad supertranquila, llena de rincones preciosos, y es tan pequeñita que la ves en un día, sin problema. Hay museos para todos los gustos: de arte moderno, de dinosaurios... Pero, por supuesto, lo más impactante son las casas colgadas. Alucinas pensando en cómo se han podido construir al borde del precipicio.

Persona 1
Yo me quedo con Murcia. Estudié la secundaria en un internado allí. Es una ciudad muy cómoda, vas andando a todas partes y tiene un ambientazo increíble a pesar de ser muy tranquila. Es de origen árabe, pero no quedan muchos monumentos. La región tiene costa, aunque la ciudad está a unos 70 km y en verano es un horno, pero el resto del año la temperatura es muy agradable.

Persona 2
Mi padre siempre decía que en el norte hay tres perlas: San Sebastián, Santander y La Coruña, pero bueno, por elegir una, elijo Santander. Es una ciudad preciosa, el paseo marítimo es una gozada y lo mejor es que es supertranquila, sin que te aburras: hay museos, exposiciones y ambiente a todas horas. Y qué bien se come... Me flipa la comida de Cantabria.

Persona 3
Una ciudad que me enamora es Sevilla. Es una ciudad antiquísima, se cree que la fundaron los tartesios, y es preciosa. Además, es muy cómoda para andar y el río es un puntazo. Pasear por la orilla al atardecer, con las luces reflejadas en el agua... Es de película. Además, el ambiente es tan alegre, la gente tan simpática... Voy mucho, porque mi prima estudia allí, y siempre nos lo pasamos en grande.

Persona 4 (acento chileno)
Para mí, Palma es una ciudad perfecta. Lo tiene todo: mar, sol, monumentos, ambiente, buen tiempo casi todo el año... Y tiene un casco antiguo de los más grandes de Europa, con esas callecitas estrechas que parecen sacadas de una postal. Mi familia siempre ha veraneado allí. La pena es que últimamente se llena tanto de turistas que a veces no se puede ni andar, sobre todo cuando desembarcan los cruceros.

Persona 5 (acento argentino)
Mi ciudad favorita es Madrid. Quizás por esa energía que tiene, que hace que la gente se sienta de allí, venga de donde venga. Es una ciudad grande, sí, pero se puede caminar. Es una ciudad muy moderna, a pesar de toda la historia que tiene. Y, además, me encanta esa vitalidad y esa animación a cualquier hora del día. ¿Y qué decir de los museos...? Tiene algunos de los más importantes del mundo.

Persona 6
Pues yo elijo Ciudad Real. Bueno, la ciudad en sí no vale mucho, pero es que en menos de una hora te plantas entre molinos, castillos y paisajes que parecen sacados del *Quijote*, y pueblos como Almagro, con su corral de comedias, o los campos infinitos de La Mancha. Además, está muy bien conectada, así que moverte por la zona es muy fácil. Yo voy allí cada vez que puedo, os la recomiendo.

Persona 7 (acento argentino)

Yo diría Barcelona, pero, para ser un poco más original, elijo Sitges. Es de esas ciudades pequeñas, pero supercosmopolita. Tiene playas divinas y la ciudad es preciosa. A mí lo que más me gusta es el festival, porque soy muy fan del cine de terror, así que cada octubre allí voy. Es genial pasear por la ciudad y cruzarte con directores y actores de todas partes del mundo.

Pista 26. TAREA 2

Entrevista a Alfonso Escriche, joven empresario en el campo de la innovación.

–¿Por qué decidiste encaminar tu carrera profesional hacia las personas con diversidad funcional y personas mayores?

–Pues cuando acabé la universidad tenía el gusanillo de que quería hacer algo distinto: algo más que ponerme a trabajar en una empresa grande y ya está. Quería dejar mi marca, hacer algo que sirviera a las personas y, bueno, por las circunstancias de un familiar mío, empezamos el primer proyecto enfocado a personas mayores y vimos que el aprovechamiento de la tecnología para personas mayores o con diversidad funcional tenía un potencial enorme.

–¿Y cuál fue ese primer proyecto?

–CerQana fue la primera iniciativa social que lanzamos. Nosotros ya llevábamos un tiempo con una empresa de desarrollo que habíamos montado. Nos habíamos especializado en soluciones de seguimiento, básicamente de localización, orientada a sectores como los corredores en alta montaña. Total, que vimos la utilidad que tenía para el colectivo de personas mayores.

–¿Crees que hay oportunidad de negocio en los proyectos encaminados a la inclusión de estos colectivos en la sociedad?

–Sí, totalmente, pero, además, es una necesidad social. Hay una brecha digital. En su momento eran los móviles y nosotros intentamos solucionarlo con CerQana, pero es que hoy son los *smartphones*. Y de aquí a diez años será otra nueva tecnología que, a las personas que entonces seamos mayores, nos resultará extraña y necesitaremos esa adaptación. El objetivo último es que la tecnología esté al alcance de todos. No queremos desarrollar una adaptación especial para personas mayores, sino que la misma tecnología que todos usamos pueda ser accesible para cualquiera.

–¿Y cómo es ese sector? ¿Todavía tiene margen de desarrollo?

–Habría que diferenciar dos segmentos distintos: por un lado, el segmento cíber y, por otro, el de la accesibilidad. El primero está mayoritariamente dedicado a las personas mayores y, evidentemente, está creciendo. Cada vez vivimos más años y cada vez, por desgracia, sufrimos más enfermedades derivadas de esa prolongación de la vida. Lo que estamos intentando, a nivel de sociedad me refiero, es conseguir que, ya que vivimos más años, que los vivamos mejor.

–¿Y el otro sector, el de la accesibilidad?

–Pues ese está más dirigido a las personas con discapacidad y aquí sí hay mucho por hacer, porque es un nicho. No todos, por suerte, tenemos diversidad funcional, por tanto, muchas veces estas personas se están quedando atrás y es lo que tenemos que corregir como sociedad. Por eso, nuestro reto actual es hacer un Google Maps para personas con movilidad reducida: una única plataforma interurbana accesible para todo el mundo, donde se puedan localizar las ubicaciones de las plazas de aparcamiento para personas con movilidad reducida.

–¿La movilidad reducida también se refiere a personas mayores?

–Piensa que todo esto comenzó con una regulación de la Unión Europea que dice que las personas con movilidad reducida, ya sea con discapacidad física o de tipo cognitivo (y ahí pueden entrar las personas mayores), deberían poder aparcar en cualquier sitio donde no estorben al tráfico. ¿Qué pasa? Que cualquier municipio de Europa lo aplica de una forma completamente distinta. Si yo tengo que ir a un sitio, cojo Google Maps y me guía. Sin embargo, para una persona con movilidad reducida no hay ninguna forma fácil de saber si, cuando llegue allí, podrá dejar el coche suficientemente cerca.

–¿Qué consejo darías a otras personas que se plantean emprender desde una perspectiva de impacto social?

–Lo primero de todo es que tienes que saber que lo que vas a hacer es difícil y tienes que valorar si al final eso te compensa. Y, respecto a emprender en innovación social, creo que ahora mismo la tendencia de la sociedad es que todo tiene que tener una vertiente social. Los consumidores no quieren solo una empresa que da un servicio, quieren una empresa que dé un servicio, pero que tenga además una serie de valores. Yo creo que eso es clave.

−¿Y algo más sobre el proyecto en el que estás trabajando ahora?

−Pues se llama Park4dis y con él ayudaremos a 450 000 personas en España. Estamos colaborando con ayuntamientos, pero al final lo más importante son los voluntarios que están ayudando a mapear la ubicación de las plazas. O sea, que cualquier persona que nos esté viendo es bienvenida para entrar en la plataforma y ayudar a mapear su municipio.

Pista 27 (acento mexicano). TAREA 3

Conducir es una de las experiencias que busca la mayoría de los jóvenes, ya sea tanto por la diversión como por las facilidades de traslado que esto representa, pero, a todo esto, ¿sabes cuál es la mejor edad para aprender a manejar? En cualquier caso, debes saber que la mejor edad para aprender a manejar es relativa y, aunque influye mucho el momento en que aprendes, es más importante la seriedad con la que tomas estar tras el volante.

En la mayoría de los países, la edad legal para obtener la licencia de manejo es a partir de los 18 años. En México, puedes solicitar tu permiso de manejo antes de esta edad. Sin equivaler a la licencia, te permitirá aprender a manejar legalmente mientras cumples la mayoría de edad.

El Instituto de Seguros para la Seguridad en las Carreteras informa de que «por milla recorrida, un conductor adolescente tiene más probabilidades de chocar que otros conductores, salvo los de edad avanzada». La página ABC Motor indica que «de los 55 años en adelante comienzan a apreciarse los signos del envejecimiento, que se acentúan al llegar a los 70. Esta edad es considerada de "alto riesgo" dentro de la seguridad vial debido a los diferentes comportamientos que el conductor y el peatón presentan». Como habrás visto, debe existir un equilibrio entre buenos reflejos y manejo responsable. De jóvenes, solemos tener mayor audacia, destreza, agilidad y reflejos, pero nuestra conciencia de la responsabilidad no está tan desarrollada; cuando envejecemos, somos más prudentes y calmados, pero nuestras habilidades mentales y motoras disminuyen. Evidentemente, lo anterior no es una regla, ya que a veces la edad no es signo de madurez, y la vejez no siempre es sinónimo de deterioro físico.

Es más fácil que el cerebro humano aprenda nuevos conocimientos y habilidades durante las primeras tres décadas de su vida, por lo que, cuanto más joven comience a aprender cómo conducir un automóvil, mejor. Por ello, físicamente, la mejor edad recomendable para comenzar a conducir es a los 16 años, pues es un momento en el que, aunque el cuerpo no está en su completo desarrollo, ya se alcanzan los pedales, el volante y, cognitivamente, se tiene la capacidad de realizar varias tareas al mismo tiempo: estar atento a los carros alrededor, pisar el acelerador, el freno, el embrague y realizar los cambios con la palanca al mismo tiempo. A esto, claro, se suma el poner atención a los semáforos, las señales de tránsito, el paso de los peatones, etc.

Como vemos, entonces, los 16 años son ideales para comenzar a aprender todo este proceso. No obstante, para muchos, la mejor edad para aprender a manejar es a partir de los 18 años, pues es una edad en la que las responsabilidades legales aumentan. Además, cuenta con el tiempo suficiente para aprender y mejorar todas las técnicas del buen conductor.

Para terminar, unos buenos consejos: toma clases con alguien cualificado, un buen instructor te dará las bases para comenzar a manejar, enseñándote buenos hábitos desde un inicio. También podría ser un conocido experimentado. Igualmente, practica en lugares seguros: empieza en estacionamientos vacíos o calles con poco tráfico. Otra cosa fundamental es que te familiarices con tu vehículo antes de comenzar a salir a las calles y juntarte al tráfico normal: ajusta el asiento, los espejos y los controles de tu auto, de tal manera que puedas manipularlo. Empieza con calma. No te apresures a salir a la autopista, primero debes dominar las maniobras básicas, estar demasiado confiado puede ser un peligro. Y, por último, sé paciente contigo mismo: manejar es una habilidad que se perfecciona con la práctica, no te desesperes o te frustres si no te salen las maniobras o pisas el freno con demasiada fuerza.

Pista 28. TAREA 4

Conversación 1 (acento español y chileno)

Vas a escuchar una conversación entre un chico y su madre.

−¡Carlos! Ven aquí. Acaba de llegar la factura de los móviles, y mira.

−¡Qué locura! Pero eso no es solo de mi móvil…

−Claro que sí, míralo tú mismo. ¿No es este tu número?

−Yo ya os dije que me contratarais una tarifa plana, o aquel plan que os propusieron de compartir los datos entre toda la familia: así no tendríamos este problema.

–¡Sí, hombre! Y te hubieras fundido tú los datos de todos, descargándote juegos y viendo vídeos de tonterías. Además, esa era precisamente la idea, que fueras consciente de la cantidad de tiempo que pasas con el teléfono. Estás totalmente enganchado, hijo.

–Que no, mamá, que no es para tanto…

–Pues mira, lo solución es muy fácil, te doy de baja el móvil y ya está.

–¡Que no, mamá! ¡Que no puedes quitármelo! Lo necesito para el instituto. Hoy día todo va por el móvil. He quedado con los compañeros en hacer el proyecto de historia por Zoom. El profesor de Lengua nos pide usarlo en clase para buscar información y la de Filosofía nos manda los deberes por WhatsApp…

Pista 29
Conversación 2 (acento español y chileno)
Vas a escuchar una conversación entre dos amigos.
–Oye, que he estado pensando que pronto va a ser el cumpleaños de Jorge. Es el primero que pasa fuera, podríamos mandarle un regalo.

–Buena idea. ¿Y qué tienes pensado?

–Pues se me había ocurrido algo de la página de Personalizado.com. Podría ser una taza con una foto.

–¡Sí! Podemos poner la foto aquella de los tres que quedó tan bien. Aunque quizá una taza sea un poco frágil como para enviarla tan lejos.

–Pues también hay unos calendarios muy bonitos y podemos poner una foto distinta en cada mes.

–Los he visto, quedan genial, pero un calendario en julio… ¿Y una camiseta con la misma foto que habíamos pensado para la taza?

–Fenomenal. Lo que nos va a costar una pasta va a ser el envío, porque el cumpleaños es la próxima semana. Si queremos que la entrega sea antes de su cumple, vamos a tener que enviarlo urgente. ¡Además, a Mallorca! Igual incluso deberíamos mandarlo por mensajería.

–No te preocupes. Yo tengo la tarjeta de fidelidad de Personalizado, así que no tengo gastos de envío.

Pista 30
Conversación 3 (acento mexicano y español)
Vas a escuchar una conversación entre un chico y una agente de seguros.
–Hola, buenos días. ¿En qué puedo ayudarte?

–Pues, mira, te explico. Me voy de Erasmus a Alemania en septiembre y me han pedido un seguro médico. Pero yo ya tengo uno aquí, el de mi familia, y no sé si se puede hacer una extensión, o algo así, para que me valga también fuera.

–A ver, nuestras pólizas normalmente solo cubren dentro de España. Entonces lo más fácil es contratar un seguro temporal de viaje por el tiempo que vayas a estar allí, con cobertura médica completa: urgencias, hospitalización, repatriación, todo eso.

–¡Ah! Los de la universidad me insistieron mucho en que tenía que incluir la responsabilidad civil, que, la verdad, no sé muy bien lo que es.

–Eso es por si provocas algún daño a otra persona y sí, claro, está cubierta.

–¡Vale! ¡Ah! Mi madre me ha dicho que pregunte si hay copago.

–Sí, solo una pequeña franquicia, unos diez euros por visita.

–¿Me podrías pasar el presupuesto por correo? Para que lo vea con mis padres, es que yo de esto no entiendo mucho.

–Claro, te lo preparo ahora mismo y te lo envío para que lo vean con calma. En cualquier caso, toda la información se encuentra en nuestra página web.

Pista 31
Conversación 4 (acento peruano y argentino)
Vas a escuchar una conversación entre una chica y el vendedor de una tienda de informática.
–Hola. ¿Te puedo echar una mano con algo?

–Sí, justo estaba mirando estas *tablets*. ¿Qué tal son?

–Muy buenas. El procesador es fantástico, no se atasca con nada. La pantalla tiene una resolución estupenda, ideal para ver pelis. Y la batería aguanta casi dos días.

–¿Son estas las que están de oferta?

–Sí, justo ahora tenemos una promoción muy buena por el lanzamiento de la nueva versión. Te sale un 20 % más barata.

–¿Y no es mejor si espero a las rebajas?

–No te lo aconsejo, esta oferta es inmejorable.

–Okey. ¿Y se puede pagar a plazos?

–Claro, sin problema. Puedes financiarla hasta en diez meses.

–¿Y eso de que hay descuentos para estudiantes? ¿Se añade al otro?

–Sí, te aplicamos un 5 % más, pero tienes que presentar el carné de la universidad.

–¡Genial! ¿Y viene con funda, o algo?

–No, solo los artículos que tienen la estrella incluyen funda y protector de pantalla gratis.

–Okey, lo voy a pensar.

–Ten en cuenta que la promo termina esta tarde.

–¡Vaya! Es que no tengo el carné de la uni aquí.

–Si dejas una señal, te la reservo hasta mañana.

Pista 32. TAREA 1

Cada día muchas influencias externas nos impulsan a consumir, a acaparar cosas que no necesitamos, a generarnos necesidades que, en realidad, no tenemos. La publicidad, las redes sociales y los medios de comunicación ejercen tal influencia en la sociedad que, sin una formación e información claras y contrastadas, no podemos tomar decisiones libres y responsables.

La educación nos proporciona los conocimientos y las herramientas necesarios para descubrir que nuestro consumo tiene un impacto directo en el medioambiente, en otras personas, en nuestras propias vidas y en la sociedad en su conjunto, y así poder actuar desde una visión crítica. Consumir no es solo un derecho y una decisión individual, es también un acto de responsabilidad social.

¿Sabemos si los productos que compramos respetan el medioambiente? ¿Cómo distinguir entre realidad y publicidad engañosa, cuando las empresas se declaran responsables medioambientalmente? ¿Conocemos las condiciones laborales de quienes elaboran lo que consumimos? ¿Se respetan los derechos humanos y los principios de justicia social en toda la cadena de producción?

Solo si somos capaces de responder a estas preguntas, podremos consumir con responsabilidad, porque solo entonces tendremos la información necesaria para realizar compras lo más solidarias y sostenibles posibles, en las que lo importante no sea solo el precio, sino la huella que individualmente dejamos en la sociedad con nuestras decisiones como consumidores. Para ello, es necesario educar desde la infancia en unos hábitos sostenibles a través de una serie de herramientas que permitan convertirse en ciudadanos libres e informados, porque consumir con responsabilidad implica hacerlo de forma consciente, crítica, con una visión ética, ecológica, justa y solidaria.

Son muchas las acciones que podemos realizar en nuestro día a día, por ejemplo, pensar si realmente necesitamos lo que vamos a comprar. También debemos intentar seguir la regla de *las tres erres*: *reducir* el consumo, *reutilizar* lo que tenemos y *reciclar*. Asimismo, es importante priorizar los productos ecológicos, de comercio justo, de proximidad, de comercio local, los de menor impacto medioambiental, que generen menos residuos y tengan una larga vida. Por último, tenemos que intentar saber si las empresas que hay detrás de los productos que consumimos respetan los derechos humanos y las condiciones laborales de sus trabajadores y si se preocupan por el impacto medioambiental.

Si lo ponemos en práctica, los beneficios son patentes. Primero, lograremos generar una cultura del trabajo digno, que tenga en cuenta los derechos humanos. Además, promocionaremos el respeto al medioambiente, fomentando el uso de las energías renovables y los productos de proximidad. Y, por último, obligaremos a las grandes empresas a repensar sus modelos de negocio, forzándolas a basarse más en la ética, en la sostenibilidad y la justicia social, en vez de en la feroz competencia a cualquier precio.

EXAMEN 5

Pista 33. TAREA 1
Persona 0
El único susto respecto a la salud que he tenido en mi vida fue hace un par de años. A mí siempre me han encantado los gatos y mis padres me regalaron uno en mi cumpleaños. Yo estaba feliz, pero por la noche empecé a sentirme mal. ¡No podía respirar! Me llevaron a urgencias y me dijeron que era un ataque de asma debido a una reacción alérgica al pelo del animal. Total, que, por mucho que quiera, nunca podré tener gatos.

Persona 1
Pues yo tengo el colesterol alto. Cuando lo digo, la gente me mira raro, porque nadie piensa que este problema lo pueda tener gente de mi edad. Además, en general, el colesterol alto se asocia a una vida sedentaria y a una mala alimentación, y yo soy deportista, y en mi casa siempre hemos comido sano, pero no tiene nada que ver, porque mi problema es genético. Lo tiene casi toda la familia de mi padre.

Persona 2
Yo tengo tendencia a la tensión baja. En principio no es nada peligroso, solo que a veces me siento muy cansada, veo borroso y me cuesta concentrarme. En junio tenemos los exámenes finales y me preocupa que esto me influya, porque, además, el calor suele acentuar los síntomas. De cualquier forma, como he dicho, no es un gran problema de salud. Tengo una amiga que llega a desmayarse.

Persona 3 (acento peruano)
El año pasado estuve ayudando a mis tíos con su mudanza. Había un mueble muy pesado que había que subir por las escaleras. Yo iba debajo, así que llevaba la mayoría del peso. Al día siguiente sentí un dolorcillo en la ingle y, al tocarme, me vi un bulto. Me asusté mucho. Se lo dije a mis padres, que me llevaron al médico. Me dijo que era una pequeña hernia, que por ahora no planteaba problema, pero que, si iba a más, tendría que pasar por quirófano.

Persona 4 (acento argentino)
A mí lo peor que me ha pasado en mi vida fue cuando me rompí la muñeca entrenando para la competición entre institutos de balonmano. Por lo pronto, el partido lo vi desde el banquillo. ¡Con la ilusión que tenía por participar! Y, luego, la pesadez de la escayola. ¡Más de un mes la tuve que llevar! Y el fastidio de la rehabilitación. Afortunadamente, me recuperé perfectamente. ¡Y, además, mi equipó ganó el torneo!

Persona 5
Mi problema son los dientes y la verdad es que me lo he buscado yo. La primera vez que fui al dentista me dijo que tenía un esmalte muy bueno, y que, con una higiene bucal correcta, nunca tendría problemas en la boca. Pero a mí me daba pereza, y a veces incluso me iba a la cama sin lavarme los dientes. Total, que en una revisión me descubrieron un montón de caries. Aprendí la lección y ahora me lavo los dientes después de cada comida.

Persona 6 (acento argentino)
Yo nunca tuve un problema más serio que el típico catarro. De hecho, no iba al médico, me curaba sola con métodos naturales: miel, infusiones, limón... y al poco tiempo estaba bien. Sin embargo, hace dos años, tuve un resfriado que no se me pasaba y un día me sentí tan mal que mis padres me llevaron a urgencias. ¡Resulta que tenía neumonía! Estuve tan grave, que hasta tuvieron que ingresarme. Ahora, voy al médico si veo que en unos días no se me pasa.

Persona 7 (acento peruano)
Yo soy celíaco y lo malo es que me lo descubrieron muy tarde. Desde pequeño siempre he tenido dolores de tripa, la comida me sentaba mal y solía estar cansado... Cuando por fin un médico sospechó lo que pasaba y me hicieron las pruebas, mi vida cambió de tal forma que no me importó renunciar a muchos alimentos. Afortunadamente, ahora hay muchos productos aptos para intolerantes al gluten.

Pista 34. TAREA 2
–¿Cómo llevas ser una estrella del tenis?
–Bueno, ahí entra un factor fundamental, la gente que me rodea, sobre todo mis padres... Ellos me hacen sentir el Carlos Alcaraz de El Palmar, del pueblo. Luego, también está la manera de ser de cada uno y, en mi caso, como he dicho, es gracias a mis padres, por cómo me han criado. Ellos me han inculcado tratar a las personas como iguales, sea quien sea.

—Eres un ídolo en el mundo del tenis profesional. Incluso Jannik Sinner te ha mencionado como su tenista ideal.

—Hombre, influir en otros jugadores, o que te vean como una referencia, impacta. Cada jugador tiene su forma de pensar y de hacer las cosas, y saber que influyes en otros se agradece mucho. Obviamente, que un jugador de la talla de Jannik dijera eso es increíble, pero al final también depende de las generaciones y de a quién ha visto jugar cada uno.

—¿Cómo llevas las críticas?

—Hay momentos y momentos, derrotas y derrotas. Hay críticas que no me importa leer. Hagas las cosas bien como mal, te van a caer comentarios negativos, de gente que realmente no es fan tuya o que simplemente son *haters*, yo intento no ponerle atención a esos comentarios y mantenerme alejado de las redes sociales cuando las cosas no van bien para poder ser yo mismo cuando salgo a la pista. Pero reconozco que ha habido comentarios negativos que me han tocado, sobre todo si son después de perder un partido que no debía perder.

—¿Cómo manejas la presión?

—No puedo negar que hay presión en los torneos importantes, pero ahí es cuando realmente se ve a los grandes deportistas. Siempre me digo a mí mismo que hay que dar algo más, ir a por ello y no tener miedo, porque eso marca la diferencia entre un gran atleta y uno bueno. Al mismo tiempo, no pienso demasiado en la presión externa; intento aprender, ganar experiencia y dar siempre lo mejor en cada partido. Juego para mí, para mi equipo y para mi familia, y trato de no centrarme en lo que esperan los demás.

—¿Qué hace Carlos Alcaraz para relajarse?

—Mis amigos y mi familia son los que me ayudan a estar tranquilo y a evadirme. Soy una persona muy sencilla; el hecho de estar en casa con mis amigos, simplemente hablando, me da la vida. Con ellos olvido que soy tenista y vuelvo a ser simplemente Carlitos, como me llamaban de pequeño, y eso es importante, porque me recuerda quién soy y de dónde vengo. También me gusta hacer otras cosas que me relajan, como jugar al golf, al fútbol o hacer senderismo…, y esas pequeñas escapadas me ayudan a recargar pilas.

—También he oído que te gusta el ajedrez.

—Efectivamente. Me enseñó mi abuelo de pequeño y nunca lo he dejado desde entonces. Me gusta tener que concentrarme, la estrategia, y pensar por adelantado. Todo eso es muy similar a la pista de tenis. Tienes que tener intuición sobre hacia dónde va a enviar la bola el otro jugador, tienes que moverte antes de tiempo y tratar de hacer algo que le incomode. Por eso el ajedrez me ayuda a ser más rápido mentalmente, a observar jugadas, a planear el movimiento que quiero hacer… En ajedrez, como en el tenis, si apartas la vista un momento puedes perder la partida.

—¿… Opinar sobre asuntos sociales, o mantenerte al margen?

—Creo que la fama te da oportunidades para tener voz en otros aspectos. Estar expuesto a tanta gente me permite tener una plataforma desde la que intento influir positivamente, no solo en la pista, sino también fuera. Por eso lancé mi propia fundación, con la idea de mejorar la vida de los niños y promover la igualdad de oportunidades, y quiero que siga creciendo en el futuro. Me gustaría el día de mañana mirar atrás y saber que he hecho cosas importantes, no solo en el deporte. También creo que los valores que transmiten el tenis y el deporte en general pueden aplicarse a muchos ámbitos de la vida.

—¿Para qué son las bandas que te pones en la nariz?

—Son simplemente un método de trabajo. Mi fisioterapeuta y mi entrenador estudian qué es lo mejor para mí, para mi cuerpo. Empecé a usarlas una vez que estaba un poco enfermo, con congestión nasal. Me ayudaron a respirar mejor y a rendir al 100 %. Gracias a ellas puedo trabajar igual que cuando no estoy congestionado.

Pista 35 (acento mexicano). TAREA 3

En marzo de este año se puso en marcha una nueva regulación para afrontar el incremento del sobrepeso y la obesidad infantil. Y una de sus causas es la disponibilidad de comida chatarra dentro de las escuelas. Los niños comen lo que hay. Si yo tengo a mano alimentos poco saludables, pues va a ser lo primero que voy a buscar, por más educación nutricional que tenga.

La nueva ley contra la comida chatarra consiste en que las cafeterías escolares tienen prohibida la venta de productos ultraprocesados, con alto contenido de grasas, azúcares y sodio, que son refrescos, papas fritas, barritas o cualquier alimento con sellos de advertencia. O sea, esta nueva ley no intenta definir qué es la comida chatarra. Simplemente, todo lo que tenga un sello de advertencia. Y todo esto para promover una alimentación más saludable para los estudiantes. Ahora, si los papás no alcanzan a hacerle su *lunch* y los niños se llevan dinero a la escuela, se asegura que lo que se compre, por lo menos, será más nutritivo. Muchos dudan que esto sea una solución real. Recuerdo cuando se implementó el nuevo etiquetado con los sellos de advertencia. Mucha gente también lo cuestionó, dudando sobre el resultado, pero ahora somos más conscientes al ver los sellos. Además, obligó a la industria a reformular sus productos. Por tanto, considero que sí son pasos adelante para la prevención del sobrepeso y de la obesidad infantil. Pero estos productos seguían vendiéndose en las escuelas a pesar de los sellos de advertencia. Se dice que era más fácil conseguir un refresco en una escuela en México que tener acceso a agua potable. Entonces, ¿por qué tanta polémica? Principalmente porque dicen que no resuelve el fondo del problema de la mala alimentación. Algunos argumentan que la ley impone decisiones sin ofrecer alternativas viables o educación nutricional adecuada. Otros señalan que la venta de estos productos representa un ingreso para familias que dependen de ese comercio. Pero el problema principal es que choca directamente con los hábitos arraigados a la cultura alimentaria en México, que durante décadas se ha formado sin una educación nutricional sólida. Durante años se ha normalizado el uso de estos productos ultraprocesados. Muchos papás crecieron también con estos mismos hábitos, por lo que no ven el daño. En muchos hogares, el tiempo es limitado y el acceso a alimentos saludables más costoso, complicado, requiere tiempo. La comida chatarra es práctica, barata y está en todos lados. También la falta de educación. Muchos no identifican qué es comida chatarra, ni entienden los efectos a largo plazo. Además de la prohibición de la venta de comida chatarra y la instalación de bebederos de agua potable en las escuelas, el programa *Vive Saludable, Vive Feliz* contempla la promoción de la actividad física y la prevención de adicciones, con el fin de garantizar un desarrollo integral y saludable en la niñez mexicana. ¿Y qué pasa con las escuelas que no cumplan? Pues va a haber multas. Y estas sanciones se aplican no solo a las cafeterías escolares, sino también a los vendedores ambulantes y a los que están en la proximidad de las escuelas. El éxito de esta medida no depende únicamente de lo que ocurre dentro de las escuelas, sino también del papel que desempeñan las familias en casa. Y sí, quizá los hábitos no nacen en las escuelas, pero sí es un lugar de enseñanza y creo que es una forma de ser congruentes con la educación de todos los niños y niñas. Y fomentar hábitos saludables en el hogar es fundamental para reforzar lo que se promueve también en las aulas.

Hay una frase que me gustaría compartirles, que es: *Amar también es enseñarles a cuidar su cuerpo y su salud desde pequeños*. Así que, si quieres mejorar tu alimentación, hazlo en familia.

Pista 36. TAREA 4
Conversación 1 (acento español y peruano)
Vas a escuchar una conversación entre un chico y su profesora de Educación Física.
–Oye, Marcos, espera un momento. Quiero hablar contigo. He notado que, cuando estabas tumbado en el suelo y te has levantado, hacías una mueca de dolor.
–Sí, profe... la verdad es que últimamente la espalda me molesta bastante, aquí, a la altura de los riñones, sobre todo al incorporarme rápido.
–¿Has calentado bien antes de empezar? Muchas veces esos dolores aparecen porque los músculos están fríos o tensos.
–Sí, he estado unos cinco minutos antes de empezar el entrenamiento.
–Ahí está el problema, cinco minutos no son suficientes. Se necesitan al menos quince. ¡Cuántas veces os lo he dicho! No es recomendable hacer ejercicio con los músculos en frío, podrías incluso hacerte una lesión. ¿Tienes la fotocopia con la tabla de ejercicios que os di a principios de curso?
–Sí, sí, sí, la tengo en mi mochila. A partir de ahora, la seguiré a rajatabla.
–Eso espero. De cualquier modo, sería mejor que te viera un especialista, un traumatólogo, no vaya a ser algo más serio.
–¿Tú crees? Se lo diré a mis padres.
–Es lo mejor que puedes hacer.
–Me muero si no puedo jugar en el torneo.
–Bueno, no te preocupes, probablemente sea una cosa sin importancia.

Pista 37
Conversación 2 (acento español y argentino)
Vas a escuchar una conversación entre una chica y el otorrino.
–Buenos días, pasa y siéntate. Bueno, cuéntame, ¿qué te ocurre exactamente?

−Hola, doctor. A veces, tengo mareos muy intensos, como si todo girara, sobre todo al levantarme o al mover la cabeza, y después me quedo con una sensación de inestabilidad y con náuseas. Fui al médico de cabecera, pero me dijo que mejor que me viera un especialista.

−¿Te duran mucho esos episodios?

−Normalmente poco. Pero el otro día, en clase, al levantarme del pupitre, casi me caigo. Me tuvo que sostener una compañera. En el instituto se preocuparon y llamaron a mis papás.

−¿Estás tomando actualmente algún medicamento? Porque a veces esos síntomas son efectos secundarios de alguna medicina.

−No, en este momento no estoy tomando nada.

−Bien, por lo que describes, los síntomas son compatibles con vértigo, pero antes de confirmarlo necesitamos hacer algunas pruebas.

−¿Qué tipo de pruebas?

−Pues primero haremos una prueba de equilibrio, una exploración del oído interno y una audiometría.

−¿Y qué tratamiento tiene?

−En muchos casos basta con medicación para controlar los síntomas, o con ejercicios específicos de rehabilitación. Esos serían con un fisioterapeuta. En cualquier caso, hasta no tener un diagnóstico claro, no se puede decidir un tratamiento.

Pista 38
Conversación 3
Vas a escuchar una conversación telefónica entre un chico y su abuela.

−¿Abuela? Soy yo, Pablo.

−¡Pablo! ¿Qué tal, cariño?

−Muy bien. Mira, te llamo para pedirte un favor. Resulta que en el insti vamos a hacer una comida para celebrar el fin de curso, en junio, cuando hayamos terminado los exámenes, y cada uno vamos a llevar un plato. Quiero que me des alguna receta fácil que quede muy bien.

−¿Dulce o salado? Tengo una receta de *brownies* sencillísima.

−No, nada de postres. Varios amigos querían hacer tartas, pudin y cosas así, pero al final hemos decidido llevar una sandía y melocotones. Además, yo soy un desastre cada vez que intento preparar algo dulce, mira que soy goloso.

−Pues te voy a dar la receta de mi último descubrimiento: el *tarator*. Es simplemente mezclar yogur, pepino picado, ajo, aceite, sal y agua fría. Es una sopa búlgara.

−¿Sopa en julio?

−Es una sopa fría, no te preocupes. Y, como verás, no te costará encontrar ninguno de los ingredientes. Lo único es: ¿cómo vas a llevar platos o boles para tanta gente?

−No te preocupes. Nos van a dejar usar las cosas del comedor del instituto.

Pista 39
Conversación 4
Vas a escuchar una conversación entre una chica y su padre.

−Estoy pensando en ir a la peluquería, quiero un cambio total de *look*.

−¿Y qué te gustaría hacerte?

−Pues me gustaría ver cómo me queda el pelo rubio. Pero me da un poco de miedo teñirme. ¿Y si luego no me gusta?

−Pues haz lo que le aconsejaron a tu madre: se hizo unas mechas más claras y, así, no fue un cambio tan radical. ¿Y no te lo vas a cortar?

−Por ahora solo las puntas y a lo mejor el flequillo. Mi melena no la toco, pero me gustaría tenerlo ondulado, estoy un poco aburrida del pelo tan liso.

−Pues el otro día te quedaba muy bien el moño que te hiciste.

−¿Tú crees?

−Sí, creo que, cuando te haces trenza o coleta, te queda muy bien. Realza la forma de tu cara.

−¿Tú crees...? Yo me veo como que parezco una cría, con la coleta.

−¡Al contrario! El pelo recogido, y sobre todo en un moño, te hace más madura.

–¡Anda! No lo hubiera pensado.

–Lo que sí te aconsejo es que vayas a la peluquería con las ideas muy claras, que, si no, harán lo que les dé la gana.

Pista 40 (acento chileno). TAREA 1

Para muchos usuarios, especialmente adolescentes y jóvenes adultos, el uso reiterado de los filtros fotográficos acarrea algo más que diversión: alimenta comparaciones, disuelve la línea entre lo real y lo ideal y, en los casos más sensibles, se asocia con la distorsión o dismorfia corporal. Esta no se limita a un simple descontento con algún rasgo: quien la padece interpreta pequeñas variaciones, poros o asimetrías como defectos graves que eclipsan toda su apariencia, generando malestar.

La distorsión de la imagen corporal puede coexistir con baja autoestima o trastornos de la conducta alimentaria y los expertos subrayan que las experiencias de crítica estética en la infancia y la exposición a ideales irreales son factores de riesgo centrales.

Los filtros no solamente suavizan la imagen, sino que, además, instauran un estándar de belleza alejado de la realidad, que el rostro sin editar rara vez alcanza. El resultado es un bucle: cuanto más recurre el usuario al filtro para cumplir un ideal, mayor es la aversión que experimenta al confrontar su imagen sin editar, lo que refuerza la necesidad de seguir filtrando y profundiza la distorsión.

La autopercepción es la mirada interna desde donde nos percibimos y nos describimos a nosotros mismos; antes se construía a través del espejo físico y, en la era digital, mediante el *espejo virtual* de las pantallas. Cuando la fotografía filtrada se convierte en la representación pública más frecuente, el cerebro comienza a registrarla como referencia identitaria.

Esto explicaría por qué muchos pacientes refieren ansiedad al encender la cámara frontal sin filtro o al pensar en encuentros cara a cara: temen que la discrepancia entre su *yo virtual* y su aspecto real quede expuesta, pudiendo verse cómo influyen las redes sociales.

La psicología social denomina este fenómeno *self-discrepancy*: la brecha entre el yo real y el yo ideal provoca tensión emocional, vergüenza y, a largo plazo, disminuye la autoaceptación.

Aunque cada individuo manifiesta el trastorno de forma particular, existen indicadores tempranos que conviene vigilar. Entre ellos, se encuentra la práctica de descartar fotografías no filtradas por *verse mal,* el incremento del tiempo dedicado a retocar imágenes antes de compartirlas, la irritabilidad al verse en espejos con luz natural y el hábito de revisar compulsivamente las reacciones en redes para confirmar la propia valía estética. Otra señal es la preferencia por los encuentros virtuales, con la cámara apagada o ángulos calculados, para evitar que otros perciban el *defecto* imaginado.

Cuando estos comportamientos se acompañan de tristeza, ansiedad o interferencia con actividades diarias, se vuelve imperativo buscar ayuda profesional. El abordaje terapéutico se centra en reestructurar creencias distorsionadas sobre el cuerpo, fomentar la aceptación y entrenar estrategias de regulación emocional. La terapia ayuda a que nos podamos mirar de forma honesta y real, aprendiendo a querernos tal y como somos, con nuestras imperfecciones.

EXAMEN 6

Pista 41. TAREA 1

Persona 0 (acento peruano)

A mí la verdad es que me da miedo ver cómo todo está cambiando tan rápidamente. Es que cada día anuncian algo nuevo que va a marcar un antes y un después en nuestra vida cotidiana. Es que no nos da tiempo a asimilarlo todo. ¡Es una locura! ¿Y qué hay de lo que nos hace humanos? Se suponía que las nuevas tecnologías iban a ayudarnos a conectar con otros, pero cada vez la gente interactúa más con la IA y menos con otras personas.

Persona 1
Los avances tecnológicos van a hacer que nuestras vidas sean más fáciles. Vamos a vivir en una especie de utopía en la que no vamos a tener que trabajar. Vamos a poder dedicarnos a hacer lo que realmente nos llena. Fíjate, antes los humanos teníamos que llevar a cabo trabajos aburridos y repetitivos que ahora hacen las máquinas. Moríamos como moscas, pero ahora, gracias a la evolución de la medicina y la tecnología, tenemos una mayor esperanza de vida.

Persona 2
Hay mucho catastrofismo respecto al futuro. La gente se piensa que nos espera un futuro distópico, como los de las películas de ciencia ficción, y empieza a inventarse teorías de la conspiración, pero tampoco es para tanto. Siempre nos ha dado miedo lo nuevo. Por ejemplo, con la Revolución Industrial, la gente pensó que íbamos a quedarnos sin trabajo, pero simplemente cambiaron las cosas. Así es la historia. Si no hubiéramos avanzado, seguiríamos viviendo en las cuevas.

Persona 3 (acento argentino)
La inteligencia artificial nos está haciendo más ignorantes. La gente ya no escribe, ya no piensa, no sabe cómo buscar información para contrastarla y no lee. Está abducida por las redes sociales. Se pasa el día viendo vídeos de gatitos y se está haciendo más maleable. Y, claro, se cree las mentiras con más facilidad. Deberíamos prohibir el uso de la inteligencia artificial en los colegios y volver a un sistema más tradicional. Si no, estamos perdidos.

Persona 4 (acento chileno)
Para mí, el problema no es ni la inteligencia artificial ni las nuevas tecnologías. El problema es que las grandes empresas aprovechen para empeorar las condiciones de los trabajadores y explotarnos. Tenemos que evitar que nos acaben sustituyendo por la IA. Deberíamos encontrar una manera de beneficiarnos todos de estas innovaciones tecnológicas y aprovechar para hacer una sociedad más justa para todos. Estos avances tendrían que facilitarnos la vida, no empobrecerla.

Persona 5 (acento argentino)
Si te soy sincera, paso mucho tiempo utilizando las aplicaciones en el móvil y me lo paso muy bien. También uso mucho algunas plataformas de *streaming*. Lo bueno es que ahora no dependes de lo que ponen en la tele. Puedes elegir la serie que quieres ver y no tienes que esperar una semana para el siguiente episodio. Además, con la IA ya no tengo que pasarme horas buscando información para hacer los trabajos que me mandan en el instituto.

Persona 6
Estoy harto de que nos presenten un nuevo producto que se supone que va a revolucionar nuestras vidas y, luego, resulte ser una chorrada. Les encanta darle bombo a todo para darse importancia y venderte algo que no necesitas. Por ejemplo, los asistentes virtuales: si lo piensas, en realidad te sirven para encender y apagar luces, poner canciones y decirte el tiempo que va a hacer. ¿En serio la gran revolución es no tener que darle al interruptor o mirar estas cosas en el móvil?

Persona 7 (acento mexicano)
Los líderes tecnológicos utilizan las nuevas tecnologías para enriquecerse: no les importa cómo nos afectan a nosotros ni al planeta. Quieren controlar a la población y reemplazarnos por *ciborgs*. De hecho, ya se está hablando de implantar microchips en nuestros cerebros para vigilarnos y recopilar nuestros datos. Lo peor es que no podemos confiar en los políticos para actuar, ya que a muchos les interesa económicamente tener buena relación con ellos o algo más...

Pista 42 (acento argentino y chileno). TAREA 2
–Vamos a conversar sobre un gran premio que un chileno ganó, Martín Andrighetti. ¿Qué tal, Martín?
–Muy bien, gracias.
–Para que sepan, Martín ganó en India una de las competencias de programación más importantes del planeta entre 100 000 jóvenes de alrededor del mundo. Se trata del primer latinoamericano y primer chileno en ganar esto. ¿Cómo fue? ¿Cómo te preparaste para ir?
–A ver, esta no es la única competencia en la que he participado. Había participado en muchas otras. Y esa ha sido la preparación más grande que he tenido. También con entrenamiento. Uno practica estas cosas con desafíos parecidos. Entonces, cuando ya fui a India, ya sabía a lo que iba.
–¿Pero era la primera vez que participabas en este campeonato?
–Era la primera vez que participaba en la final de este campeonato. El campeonato tenía varias etapas. Por ejemplo, en la clasificatoria había sido un formato muy parecido: 6 horas, pero *online*, por supuesto, no en India.
–¿Cómo se siente al estar allá?

−Ya cuando estaba en India, yo no sabía qué esperar exactamente, la verdad. Las clasificatorias habían sido de un nivel más fácil. Entonces no sabía bien cuál iba a ser el nivel de la competencia final. Eso sí, cuando me senté en la silla, yo quería ganar. De hecho, hicimos apuesta y aposté por mí.

−¿Y con quién apostaste? ¿Con otros programadores de otros países? ¿De Chile?

−Sí. Éramos varios de Chile en esta final y éramos ocho de Latinoamérica, si no me equivoco.

−Y entonces estabas ahí y ganás finalmente. ¿Qué se siente en ese momento?

−Fue una sensación muy extraña. La competencia duró 6 horas y yo sé que soy más o menos bueno para manejar el estrés, pero que me pongo nervioso si veo el *ranking*. Entonces no fui viendo el *ranking*. No lo vi hasta que terminé todos los problemas. Y, de repente, termino y habían pasado 4 horas: veo el *ranking* y me doy cuenta de que nadie más había terminado. Nadie más estaba ni siquiera cerca de terminar y ahí mismo dije: «creo que gané». Fue una experiencia muy surreal.

−Entonces ya finalmente vos terminaste mucho antes, pero podía haber pasado que alguien tuviera una mejor calificación, independientemente de que terminara después, y ahí no habrías ganado. ¿Algo así podría haber sido?

−Así es. Son 10 problemas y en cada problema se mide el tiempo desde que ves el problema hasta que lo resuelves y el puntaje es la suma de todos estos tiempos. Entonces, si bien yo terminé la suma de todos los problemas antes, alguien podría después haber hecho los problemas que le faltaban más rápido y me hubiera sobrepasado.

−¿Y son distintos los problemas? ¿Cómo uno podría graficar estos problemas de programación?

−Bueno, sí, son distintos. De hecho, estaban más o menos ordenados por dificultad. No sé, por ejemplo, el primer problema tenía 50 puntos, si no me equivoco, y el último tenía 300. Un problema te podía tomar 5 minutos, el primero, claro, pero de los últimos tomaban una hora. Entonces es una competencia entre quién hace más problemas y quién los hace más rápido.

−Y te ganaste 10 000 dólares. ¿Qué vas a hacer con eso, si es que se puede saber?

−Esa pregunta la recibo bastante, sobre todo de mis amigos, que quieren que salgamos de fiesta, pero no lo sé. Supongo que por ahora voy a ahorrar, que no tengo tanto que hacer con 10 000 dólares ahora.

−Y, por último, ¿qué viene para ti ahora que ganaste este concurso de programación en términos profesionales? ¿Qué pretendes hacer?

−He recibido bastantes ofertas interesantes. El único problema es que estoy metido aún en esto de las competencias y también estoy estudiando. Trabajar, además, sería hacer tres cosas a la vez; no me daría el tiempo y estaría pagándolo en menos entrenamiento. Entonces, por lo menos por este semestre o por este año, está un poco complicado, pero después, en términos profesionales, me gustaría buscar algo para trabajar por lo menos un tiempo afuera, ver cómo funciona. Y probablemente volver eventualmente, pero sí trabajar un tiempo afuera.

−Bueno, Martín, un gusto. Muchas gracias y felicitaciones. Que te quedes con este título de mejor programador del mundo por harto tiempo.

−Muchas gracias.

Pista 43. TAREA 3

XPENG ha presentado un robot humanoide de un realismo impactante, que no se parece a nada de lo que hemos visto hasta ahora. Durante una jornada dedicada a la inteligencia artificial, presentaron la última generación de su Iron Humanoid y esta versión es completamente distinta a lo que todo el mundo esperaba. Según XPENG, esta es la octava generación de su programa de robótica y la tercera con diseño humanoide. Su objetivo es empezar la producción en masa para finales de año y este modelo parece una clara declaración de intenciones al resto de la industria. En lugar del habitual aspecto industrial o mecánico, el robot de XPENG tiene piel sintética que cubre todo el cuerpo, tipos de cuerpo personalizables e incluso opciones de peinado y ropa. Los usuarios podrán elegir entre complexiones como atlética, corpulenta, alta o baja, escoger diferentes peinados y más adelante incluso cambiarle el vestuario. La compañía asegura que la piel sintética hace que se perciba como más cálido y cercano, intentando claramente romper con el frío estereotipo metálico de los robots, pero eso no es todo. El robot posee una columna vertebral y un sistema muscular biomiméticos que replican el movimiento humano. Dentro de la cabeza, lleva integrada en la cara una pantalla curva 3D, lo que le otorga mayores capacidades expresivas.

Puede realizar tareas delicadas, como coger objetos pequeños o gesticular con naturalidad. XPENG también lo ha dotado de una enorme potencia de cálculo que permite al robot ver, interpretar y actuar en tiempo real. Es decir, no se limita a seguir órdenes preprogramadas.

El CEO, He Xiaopeng, dijo que los humanoides no son realmente adecuados para el trabajo en fábricas o tareas repetitivas. La idea de XPENG es que su robot trabaje en espacios sociales como recepcionista, guía turístico o asistente de compras.

El robot funcionará con una batería de estado sólido, algo muy poco habitual en humanoides, lo que lo hace más ligero y le da más autonomía que las baterías de litio convencionales.

También han integrado un componente de seguridad y ética. El CEO ha mencionado que el robot sigue las tres leyes universales de la robótica de Isaac Asimov y han añadido una cuarta: no puede compartir los datos de su propietario. Es un límite interesante, sobre todo si lo comparamos con competidores que están pidiendo a los clientes el acceso total a sus hogares para que sus robots aprendan. Está claro que XPENG adopta una postura distinta, dando prioridad absoluta a la privacidad de los datos, al tiempo que busca que el robot sea más personal, casi como un compañero. Ahora bien, aunque el robot parece impresionante, no a todo el mundo le convence la idea. Los más críticos señalan que XPENG podría estar resolviendo un problema que no existe y cuestionan la necesidad de una máquina con un aspecto tan humano y con tantísimas opciones de personalización.

La empresa aún no ha anunciado el precio, pero con semejante tecnología, tres chips de IA de alta gama, baterías de estado sólido y toda esa articulación, no va a ser barato.

Por otro lado, otra compañía china, Unitree, sigue una dirección totalmente opuesta con lo que ellos llaman el avatar corpóreo. Es el Unitree G1, un robot que imita los gestos de una persona con un traje de captura de movimiento en tiempo real, pero la verdadera innovación es que se trata de un proceso de aprendizaje corpóreo a partir de los datos de la teleoperación humana. Cada acción va perfeccionando su control motriz. Cuanta más gente utiliza las unidades G1, más datos se recopilan. Se trata de una estrategia a largo plazo. Están enseñando al robot a moverse como nosotros para que un día no nos necesiten en absoluto para hacerlo.

Pista 44. TAREA 4

Conversación 1 (acento español y mexicano)
  Vas a escuchar una conversación entre una chica y un teleoperador de una compañía telefónica.
–Buenas tardes. ¿En qué le puedo ayudar?
–Hola. Llamaba porque quería informarme sobre sus tarifas.
–De acuerdo. A ver, ¿qué tarifa tiene actualmente?
–Tengo la de 30 gigas que viene con dos horas de llamadas.
–Ah, tiene la básica. ¿Qué tipo de tarifa le interesaría?
–No sé, el caso es que me quedo enseguida sin datos.
–Entonces le interesaría algo con más datos, ¿cierto?
–Sí. Algo que me dure bastante más.
–Bien. ¿Y usted para qué suele utilizar el móvil?
–Pues lo típico: chatear, hacer videollamadas, ver vídeos, escuchar música...
–Vale. ¿Suele hacer llamadas?
–Pues la verdad es que no. No las necesito para nada. Suelo llamar a través de una aplicación.
–Le puedo ofrecer una tarifa con 50 gigas, que serían 20 euros al mes, o una con datos ilimitados por 50 euros al mes y que incluye como regalo unos auriculares inalámbricos.
–Se me va un poco de presupuesto. Me quedo con la primera que me ha dicho.
–Muy bien. Entonces yo le hago ahora el cambio en el sistema y en unas 24 horas se le dará de alta la nueva tarifa, pero antes necesito que me proporcione algunos datos.

Pista 45
Conversación 2
                    Vas a escuchar una conversación entre dos compañeros de clase.
–¡Ey! ¿Qué tal llevas el trabajo de Biología?
–Fatal.
–¿Y eso?
–Es que, entre el trabajo de Biología, el de Historia y los exámenes, no doy abasto. No sé ni por dónde empezar.
–¿Y por qué no usas una IA?

—Me da cosa. Me da la impresión de que sería como hacer trampa.

—Hombre, eso sería si le pidieses que te hiciera el trabajo entero y lo entregases tal cual. Puedes usarla simplemente para darte ideas, buscar información... Básicamente, para inspirarte.

—No sé...

—Que sí, que yo la uso cuando me siento perdida. Te puede dar una idea general de lo que puedes hacer. Y, aparte, te ahorras un montón de tiempo buscando fuentes. Tú simplemente le pides que te busque fuentes que te puedan servir, y de ahí ya sacas tú la información.

—A ver, yo probé una vez, pero se inventaba un montón de cosas.

—Claro, porque has utilizado la versión gratuita, que es muy mala. Si quieres, puedes usar la cuenta de mis padres.

—¿En serio?

—Sí, podemos quedar por la tarde en mi casa y te enseño cómo funciona.

—Muchas gracias. Me salvas la vida.

Pista 46
Conversación 3 (acento español y mexicano)
Vas a escuchar una conversación entre dos amigos.

—¡Ay! Se me ha quedado pillado el programa.

—A ver, enséñame.

—¿Ves? Es que le pasa todo el rato.

—A lo mejor es que tienes el disco duro lleno.

—¿Y eso cómo lo compruebo?

—Mira, abre esa carpeta.

—Vale. ¿Y ahora?

—Pincha en el icono ese... ¡Ah! Pues no es eso.

—¿Y entonces?

—Vas a tener que reiniciar el ordenador.

—¡No! Que con el tema de las actualizaciones luego tarda un montón en encenderse y tengo que enviar esto antes de las siete.

—¿Pero no tienes el ordenador actualizado?

—No. Siempre las salto. Es que tardan mucho.

—Pues muy mal. No me extraña que se te bloquee todo el rato. Tienes que dejar que el ordenador se actualice de vez en cuando.

—Anda... ¿Qué hago entonces? ¿Lo llevo a arreglar?

—A ver, ¿hace cuánto que te lo compraste?

—Pues no sé... Hará unos seis años.

—Claro, es que los ordenadores de ahora se quedan obsoletos muy pronto, y dejan de ser compatibles con las nuevas versiones de los programas. Y, entre eso y que no dejas que se actualice, normal que esté así. Creo que lo que más te va a rentar es comprarte otro.

—¡Lo que me faltaba! Ahora tengo que gastarme el dinero en otro.

—Yo te puedo aconsejar un modelo que te vaya bien.

Pista 47
Conversación 4 (acento español y chileno)
Vas a escuchar una conversación entre dos amigos.

—¿Te has enterado de que el gobierno va a prohibir el uso de redes sociales a menores de dieciséis años?

—¿En serio? ¿Por qué?

—Dicen que es para luchar contra la polarización y el odio.

—¿Y entonces? ¿Nos van a obligar a cerrar nuestras cuentas?

—Supongo.

—¿Pero eso cómo lo pueden imponer?

—Dicen que van a poner un sistema de verificación de edad.

—¡Jo! Yo no quiero cerrar mi cuenta. Tengo un montón de fotos colgadas, y los mensajes, y los *likes*... No me parece justo que, porque hay gente que le dé por insultar y hacer *bullying*, nos castiguen a todos.

−Y, encima, lo que me molesta es que estén diciendo que lo hacen por nuestro bien. ¿Acaso nos han preguntado algo? ¿Les interesa lo que tenemos que decir al respecto?

−Evidentemente, no. Siempre nos están diciendo lo que podemos o no podemos hacer.

−Y es que, además, vamos a perder todos nuestros contactos. Tengo amigos de cuando hice el intercambio en Irlanda, y las redes sociales son la única manera de comunicarnos. Y, ahora, ¿cómo vamos a contactarnos? ¿Por llamadas? ¿Por SMS? ¿Sabes lo caro que es?

−En fin… Voy a ir haciendo pantallazos antes de que me cierren la cuenta.

Pista 48 (acento argentino). TAREA 1

Bienvenido a Superarte con Psicología.

Imaginá que llegás tarde a una reunión importante y descubrís que olvidaste tu celular. ¿Volves a casa por él? ¿Te angustiás cuando te quedás sin batería o sin cobertura? Hoy hablamos de la nomofobia, el miedo irracional a no tener el teléfono móvil.

El término proviene del inglés *no mobile phone phobia* y fue inventado en el Reino Unido tras una investigación realizada en 2011 por la oficina de correos británica y el instituto demoscópico YouGov. En ese estudio, con 2163 personas, se observó que el 53 % sentía ansiedad cuando se quedaba sin batería, perdía el teléfono o no tenía cobertura. Además, el 55 % afirmó que esa ansiedad se relacionaba con el miedo a sentirse aislado.

Desde entonces, la digitalización ha aumentado considerablemente. Hoy en día, muchos servicios, compras y gestiones requieren conexión a Internet. Tras la pandemia de coronavirus, gran parte de nuestra vida laboral y social pasó a desarrollarse en línea. El celular, por su comodidad y portabilidad, se convirtió en la herramienta principal para mantenernos conectados en todo momento, lo que ha incrementado nuestra dependencia.

Además de ser un medio de comunicación, el teléfono móvil se ha transformado en un accesorio personal que refleja parte de nuestra identidad: la marca, el modelo, el tono o las aplicaciones que usamos. A través de él enviamos mensajes, compartimos fotografías, publicamos en redes sociales y mantenemos contacto constante con los demás. Esta conectividad permanente puede generar la sensación de que debemos estar siempre disponibles y atentos para no *perdernos nada*.

En algunos casos, esta necesidad se vuelve excesiva. Hay personas que no logran desconectarse ni siquiera en momentos de ocio o descanso, revisando el teléfono de manera casi automática. La nomofobia es especialmente frecuente en adolescentes, ya que se encuentran en una etapa de búsqueda de identidad y aceptación social. Sin embargo, tras la experiencia del confinamiento, es posible que afecte también a otros grupos de edad.

Cabe destacar que la nomofobia no está reconocida oficialmente como un trastorno en el DSM-5, el manual diagnóstico de los trastornos psicológicos. No obstante, el interés científico por este fenómeno va en aumento. Entre las características asociadas se encuentran la ansiedad, los pensamientos obsesivos e incluso síntomas físicos como dolores de cabeza.

¿Cómo saber si existe un problema? No es lo mismo usar el celular por motivos laborales que sentir angustia ante la imposibilidad de utilizarlo. Conviene preguntarnos cuán capaces somos de estar sin él durante un tiempo determinado. La ansiedad intensa, el miedo o la inseguridad pueden ser señales de una relación poco saludable con el teléfono.

Tomar conciencia del uso que hacemos del celular es fundamental. Debe ser un complemento de nuestra vida, no el centro de ella.

SOLUCIONES JUSTIFICADAS

EXAMEN 1

COMPRENSIÓN DE LECTURA Y USO DE LA LENGUA

TAREA 1, p. 8

1-C: *[...] son el lugar donde se exponen los cánones estéticos actuales.* A no es correcta porque lo que afirma el texto es que los tratamientos estéticos eran antes cosa de personas adultas. B tampoco es correcta porque el texto no lo menciona.

2-B: *Paola tiene 29 años y ya se ha inyectado toxina botulínica para corregir algunas arrugas de la frente.* A no es correcta porque el texto dice que el efecto desaparece tras un año y medio. Tampoco es C porque una sesión puede llegar a costar 600 euros y el texto afirma que necesitará más de una.

3-A: El texto dice que la afluencia, es decir, la cantidad de personas que acude a las clínicas ha aumentado. B no es correcta, porque el texto dice que las operaciones con más riesgo, es decir, peligrosas, son ahora frecuentes. C no es correcta porque lo que afirma el texto es que operarse joven implica que habrá que operarse más veces en el futuro.

4-C: El texto dice que a veces no queda con amigos para ir a la playa por no querer mostrar su abdomen. B no es correcta: el texto dice que quiere *suprimir la poca grasa que le queda en el abdomen.* C. tampoco es correcta, porque, al contrario, dice que sabe que la operación es molesta y uno de los significados de *molestia* es *malestar físico.*

5-C: El texto afirma *[...] tan pronto terminó con sus tratamientos los subió a su cuenta de Instagram.* A no es correcta porque el texto dice que va camino de ser un *instagrammer* profesional, pero que todavía no lo es. B tampoco es correcta, porque no se dice eso en ningún momento.

TAREA 2, p. 10

6-C: *[...] suelen ser una fuente de inspiración. [...] Observar cómo manejan las dificultades proporciona un modelo para enfrentar los propios desafíos.*

7-D: *Su experiencia los ha hecho menos propensos a juzgar.*

8-A: *La empatía (...) permite que estas personas sean un pilar emocional.*

9-D: *[...] sus historias te estremecen; otras, te conmueven, pero siempre te impactan.*

10-C: *su capacidad para adaptarse a las circunstancias adversas.*

11-B: *No le interesa quedar bien, sino ayudarte a crecer.*

TAREA 3, p. 12

12-C: que. Se trata de un pronombre de relativo que se refiere a la palabra *programa*. A *el que* no es correcto porque en las oraciones especificativas el relativo *que* no lleva artículo, a no ser que vaya con una preposición; B *quien* tampoco es correcto porque es un relativo que se refiere a personas. **13-A: desarrolla**. El verbo *desarrollar* en su forma pronominal significa *tener lugar*. Los verbos *sucede* B y *pasa* C significan lo mismo que el anterior, pero no son pronominales. **14-B: sobre**: la expresión es *hablar (o platicar) sobre un tema.* *Alrededor* A tiene el mismo sentido, pero necesita ir seguido de la preposición *de*. *Por* no es correcto en esta frase. **15-A: asesorado**. *Asesorar* significa *dirigir* u *orientar*. *Influido* B e *indicado* C no tienen sentido en esta frase. **16-C: Además**. Es un conector que se usa para añadir información. A *encima* y B *para colmo* también se usan para añadir, pero dan normalmente un matiz negativo que no está en el texto. **17-B: Por otro lado**. Es un conector textual que introduce un aspecto diferente de lo que se ha mencionado anteriormente. A *En otra parte* y C *De otro lugar* no tienen sentido en esta frase. **18-A: donde:** se refiere a un lugar, en este caso virtual: un canal de YouTube. B *cuando* se usa para referirse a un momento y C *que*, para ser correcto, necesitaría ir precedido de la preposición *en* y el artículo *el*. **19-C: surgidos**. Significa *aparecidos*. A *encontrados* y B *parecidos* no tienen sentido en la frase. **20-C: puedan**. Detrás de *para que* el verbo debe ir en subjuntivo. A *podrían* no es correcto porque es condicional. B *pudieran*, aunque es subjuntivo no es correcto porque es pretérito imperfecto y no concuerda con el verbo principal, que va en futuro.

21-A: A través de. Esta expresión se usa para hablar de un medio de comunicación. B *En medio de* y C *Para* no tienen sentido en esta frase. **22-C: por**: la preposición *por* expresa aquí medio de comunicación. A *de* y B *a* no tienen sentido en esta frase.

23-A: Es la respuesta correcta porque el texto dice que *fomentar los valores en la adolescencia siempre deberá ser una tarea repartida entre la familia, las instituciones educativas y la comunidad.* B no es correcta porque el texto dice que la creación de valores morales depende también de las instituciones educativas y la comunidad. C no es correcta porque lo que dice el texto es que para la formación de valores es importante la relación del adolescente con los adultos que lo rodean.

24-B: Es la respuesta correcta porque el texto afirma que, de no coincidir, habría una doble moral. A no es correcta porque en ningún momento se dice que unos sean más o menos importantes que otros. C no es correcta porque lo que se dice es que los adultos deben ser un ejemplo de moral para los jóvenes, no que tengan diferentes valores.

25-C: En el texto se afirma que los deportistas de élite son modelos sociales. A no es correcta porque lo que afirma el texto es que el deporte ayuda a la formación integral de los futuros adultos. B tampoco es correcta porque lo que dice el texto es que la buena disposición de padre y chicos ante el deporte hace que este sea un buen instrumento en la formación de valores, no que practiquen un deporte juntos.

26-C: El texto dice que los valores morales ayudan a los jóvenes a tomar decisiones éticas. A no es correcta porque de lo que habla el texto es de la importancia de las figuras de autoridad a la hora de que el joven forme su sistema de valores. B tampoco lo es porque lo que afirma el texto es que tener valores morales ayuda a fortalecer las relaciones personales.

27-A: El texto afirma que el entorno que rodea al joven muchas veces lo pone en circunstancias *riesgosas*, es decir, *peligrosas*. B no es correcta porque lo que dice el texto es que si el joven no encuentra oportunidades en el momento de pasar a la adultez puede acabar en situaciones peligrosas. C tampoco lo es porque lo que dice el texto es que el joven se encuentra desarrollando su identidad en medio de las incertidumbres de la vida moderna, no que pierdan su identidad.

TAREA 5, p. 16

28-C: El principio de la frase *En ella* tiene que referirse a una palabra anterior femenina, en este caso *festividad.* Además, el verbo *celebrar* expresa la acción de lo que se realiza en una festividad.

29-E: En este párrafo se ha hablado del calendario católico y en la frase se dice que los antiguos pueblos indígenas se adaptaron al calendario cristiano (el catolicismo es una rama del cristianismo).

30-A: El pronombre *ellos* se refiere a una palabra masculina plural anterior, en este caso *altares.*

31-F: El adverbio *aquí* se refiere a un lugar mencionado anteriormente: *el pueblo de Mixquic.*

32-B: Antes se ha hablado de las celebraciones del 1 de noviembre en un pueblo y ahora se nos cuenta lo que se hace este mismo día en Ciudad de México.

Los fragmentos D y G no tienen sentido en ninguna parte del texto.

PRUEBA 2	**COMPRENSIÓN AUDITIVA**

TAREA 1, p. 18

Persona 0-F: La chica dice que la llamaron así en su honor, es decir, que le pusieron el mismo nombre.

Persona 1-J: El chico dice que esta persona *ya no está.* Esta expresión es un eufemismo para decir que ya no vive, que ha fallecido.

Persona 2-A: La chica habla de su cuñado, es decir, el marido de su hermana; la familia política es la que no tiene lazos de sangre, sino a través del matrimonio.

Persona 3-H: Dice que no tiene nada que ver con el resto de la familia, o sea, que es muy diferente.

Persona 4-D: Dice que le dio aliento, es decir, la animó. La expresión *tirar la toalla* significa *rendirse.*

Persona 5-G: El chico dice que *llevan la tira* sin verse, o sea, mucho tiempo.

Persona 6-C: La chica dice *mi hermana y yo solo nos llevamos diez meses.* Esta expresión *llevarse* + cantidad de tiempo + con una persona hace referencia a la diferencia de edad.

Persona 7-K: El chico afirma que en la mayoría de las familias de su alrededor la madre es la que suele ser más comprensiva (poli bueno) y el padre es más estricto (miedo). En su caso es al revés.

Los enunciados B, E, I no se corresponden con las declaraciones de ninguna de las personas.

8-C: Ona dice que lleva solo un mes y que, aunque tenía miedo de no poder adaptarse, está muy bien. A no es correcta porque dice que, para el poco tiempo que lleva, se ha adaptado muy bien. B no es correcta porque afirma que ya conocía a gente en Madrid.

9-A: Ona afirma que hay muchos eventos y fiestas y que, respecto a su trabajo, todo está en Madrid. B no es correcta porque dice que Barcelona es preciosa, pero en ningún momento dice que Madrid no lo sea. C no es correcta porque quien menciona Sabadell es el entrevistador y lo que comenta es que Madrid es mucho menos tranquila (más ajetreada).

10-C: Ona afirma que empezó con 8 años. A no es correcta porque la colaboración con su madrastra fue posterior. B no es correcta porque habla de que hacía vídeos musicales. Comenta que eran *de broma,* es decir, no profesionales.

11-A: Ona afirma que hasta hace seis meses o un año no ha empezado a considerarlo como trabajo y a ganar dinero. B no es correcta porque afirma que sigue siendo su *hobby,* que siempre ha sido su sueño. C tampoco es correcta porque afirma que ahora recibe ingresos, es decir, un beneficio económico.

12-C: Ona dice que su padre empezó pronto su relación con Raki y ya nunca estuvo con otra chica y se lo agradece. A y B no son correctas porque no se dice eso en ningún momento.

13-B: Ona dice que es superafortunada, o sea, que tiene mucha suerte. A no es correcta porque, al contrario, afirma que la relación que se ve en las redes no es ni la mitad (de buena) de lo que es en realidad. C no es correcta porque no se dice eso en ningún momento.

14-C: Ona dice que la conoce desde los cinco años y que desde el principio *hicieron muy buenas migas,* o sea, que se llevaron muy bien. A no es correcta porque, por el contrario, Ona afirma que tiene amigos en las mismas circunstancias y la relación no es así. B tampoco es correcta porque no dice eso en ningún momento.

15-B: Ona dice que sabe que sin Raki no estaría donde está. A y C no son correctas porque, aunque dice que la ha guiado, no lo dice como algo negativo, pero *meterse en la vida de alguien* y *ser autoritario* son apreciaciones negativas.

16-A: Corresponde al texto donde se dice que paga 80 euros en *luz, agua y gas,* es decir, los suministros de la casa. B. No corresponde al texto, ya que se afirma que *la situación de Marta no dista* (es decir, no difiere) *de la de siete millones de jóvenes de nuestro país.* C no corresponde al texto, porque los que se emancipan a esa edad son los jóvenes españoles. D tampoco corresponde, ya que el texto dice que la economía española *está estancada,* es decir, ni avanza ni retrocede.

17-E: Corresponde al texto, que afirma que gastó en su vivienda *cinco veces su sueldo anual,* es decir, lo que ganó en cinco años.

18-F: Corresponde al texto, donde se dice que muchos jóvenes solo pueden comprar vivienda con la ayuda de sus padres, pero Marta *ni siquiera así (...) lo conseguiría.*

19-G: Corresponde al texto. Dice que el mercado de alquiler *no da abasto,* o sea, no puede satisfacer la demanda.

20-H: Corresponde al texto, que afirma que comprar *implica pagar una entrada* (es decir, una cantidad de dinero inicial) *de unos cien mil euros.* I no corresponde al texto que, por el contrario, afirma que ahora *la mayoría se decanta por* (prefiere) *el alquiler.*

21-J: Corresponde al texto, que afirma que *desapareció el presupuesto público que se dedicaba a este tipo de vivienda.*

22-K: Corresponde al texto, que dice que *lo que pagarían mensualmente de hipoteca sería algo muy similar a lo que pagarían por un alquiler.* L no corresponde al texto, que dice que los jóvenes *acumulan menos riqueza neta que sus padres,* es decir, que tienen menos patrimonio.

23-B: La chica dice que habían quedado en hacer la presentación juntos y que él la ha dejado tirada. A no es correcta porque no se menciona en ningún momento y C tampoco es correcta porque lo que dice es que ya habían elegido el tema que iban a presentar.

24-C: El chico sugiere hablar con la profesora y la chica acepta. A no es correcta porque todavía no sabe si la profesora se lo permitirá y B tampoco es correcta porque ella no quiere trabajar con Pablo.

25-B: El chico dice que *el casero*, es decir, *el propietario, le dio mal rollo*, o sea, no le gustó. A no es correcta porque no se menciona si este piso tiene o no terraza. C tampoco es correcta porque el problema de un único cuarto de baño lo tiene otro piso, no este.

26-A: La chica le aconseja comprar *muebles de segunda mano*, o sea, usados. B no es correcta porque lo que le aconseja buscar en Internet son los muebles. C tampoco es correcta porque Berlín solo lo menciona para hablar de la experiencia de otra amiga.

27-B: El padre dice que el espejo *cuesta un riñón*, o sea, que es muy caro. A no es correcta porque lo que dice es que lo que no pasa de moda es el estilo de la alfombra que están mirando, no las alfombras en general. C no es correcta porque, por el contrario, lo que dice es que la lámpara ilumina poco, o sea, da poca luz.

28-A: El padre le dice que tendrá que *hacer la colada*, o sea, lavar la ropa, y también, *tender y planchar*, que son otras tareas relacionadas con la ropa. B y C no son correctas porque, aunque la chica ofrece hacerlas, el padre le propone otra cosa.

29-A: En la conversación se habla de las diferencias entre el sistema educativo español y el estadounidense, o sea, que antes estudiaba en Estados Unidos. B y C no son correctas porque, aunque se mencionan Uruguay y El Líbano es hablando del origen de la familia de la chica no del lugar donde estudió.

30-B: La chica dice que los españoles le parecen *demasiado directos*, es decir, francos. A no es correcta porque dice que sus compañeros son simpáticos. Y la C no es correcta porque dice que le costaba un poco al principio, pero que *le está cogiendo el tranquillo*, es decir, que se está acostumbrando.

EXAMEN 2

PRUEBA 1 COMPRENSIÓN DE LECTURA Y USO DE LA LENGUA

TAREA 1, p. 32

1-A: En el texto se dice que *la puerta de entrada de las mujeres a los estudios universitarios fue la Medicina*. B no es correcta porque en el texto de dice que empezó en EE. UU. y, posteriormente, continuó en Europa y, por último, en América Latina. C tampoco es correcta porque, aunque en el texto se dice que *algunas mujeres accedieron tempranamente a la universidad*, este *tempranamente* significa *pronto en el siglo XIX*.

2-C: En el texto se afirma que Cecilia no logró trabajar como cirujana, o sea, no pudo operar. A no es correcta porque Cecilia fue la primera mujer en graduarse y lo hizo en la universidad de Buenos Aires. B tampoco es correcta porque quien murió antes de poder graduarse fue Élida Passo.

3-B: El texto afirma que la aparición de la Facultad de Filosofía y Letras *produjo una reorientación en las elecciones universitarias femeninas*. A no es correcta porque lo que dice el texto es que las maestras podían entrar en la universidad sin otro requisito que su título, es decir, que ya eran maestras. C tampoco es correcta porque lo que dice el texto es que Medicina (como había sido siempre), siguió constituyendo una opción predominantemente masculina hasta casi mediados de siglo.

4-A: El texto dice que Elvira López se graduó en la *primera camada de egresados* de la Facultad, es decir, la *primera promoción*. B no es correcta porque el texto dice que se sumó a otras mujeres, es decir, que ya había habido otras antes que ella. C tampoco es correcta porque lo que dice el texto es que actuó del mismo modo que otras mujeres en otros países, no que colaborara con ellas.

5-B: El texto dice que sus trabajos profesionales *reflejaban el interjuego entre sus propios deseos y lo permitido según el contexto socio cultural del momento histórico en que vivieron*, es decir, que tenían que supeditar sus deseos a las convenciones de aquellos tiempos. A no es correcta porque el texto dice que sus carreras y profesiones *no representaban una ruptura brusca con las concepciones de género de la época*. C tampoco es correcta porque lo que dice el texto es que *percibieron* la discriminación y *lucharon de modo activo* contra ella.

TAREA 2, p. 34

6-B: El texto afirma que este trabajo *se ajusta a las demandas actuales de grandes empresas*.

7-D: En el texto se dice que *el liderazgo es esencial, así como la capacidad de organización, las habilidades comunicativas y el don de gentes*, todas ellas son cualidades personales.

8-B: En el texto aparece que *es un sector que te acompaña cada día de tu vida*.

9-A: En el texto se dice que este trabajo está *orientado a potenciar la empleabilidad de los egresados*.

Los egresados son los que salen con el título.

10-D: En el texto leemos que *se encuentra en auge actualmente.*

11-C: El texto afirma que esta carrera combina *la biología, la psicología, la tecnología y la ingeniería.*

TAREA 3, p. 36

12-C: La palabra correcta es *incluidos*. A y B no tienen sentido en esta frase. A *inclusivo* significa que integra y no deja fuera a nadie. B *incluyente* significa que tiene la cualidad de incluir.

13-B: El conector *a su vez* sirve para añadir información, como es el caso en esta frase. A no es correcta, ya que se trata de una expresión para expresar acciones simultáneas, lo que no tiene sentido en esta frase. C es una expresión para expresar hipótesis lo que tampoco tiene sentido en esta frase.

14-A: El verbo correcto es *cursar*, que significa *estudiar una materia, un curso o un ciclo en un centro de enseñanza.* B y C podrían tener sentido en esta frase si no estuviera presente el pronombre *se*.

15-B: El relativo *cuyo* sirve para indicar posesión y siempre concuerda en género y número con la cosa poseída, en este caso *la titulación (cuya)*, no con la persona. A y C no son correctas, porque no tienen sentido en esta frase.

16-B: *En caso de que* es una expresión sinónima de *si* que va siempre con subjuntivo. Por tanto, A y C no pueden ser correctas.

17-A: *No importa* es una expresión de valoración que va con subjuntivo, en este caso, tiene que ser con pretérito perfecto, porque se refiere a una experiencia o a algo que ha sucedido en la vida de una persona, sin importar el momento. Por tanto, B y C no son correctas.

18-C: *postular* significa *solicitar un puesto o plaza*. A y C no son correctas porque necesitarían que apareciera *una plaza* a continuación.

19-B: *contar con* significa *tener*. A y C no son correctas porque, aunque en este contexto podrían tener el mismo significado que *contar*, ninguno de ellos va seguido de la preposición *con*.

20-C: *ya que* expresa la causa por la que estos servicios son gratuitos. A no es correcta porque la palabra *como* expresa también causa, pero tendría que ir al principio de la frase. B tampoco es correcta porque tendría que ir seguida de *que*.

21-A: La expresión *tanto... como* expresa aquí que ambos tipos de colegio tienen el mismo sistema. B y C no pueden ser correctas.

22-C: Las oraciones consecutivas llevan el verbo en indicativo. Por tanto, A y B no son correctas, ya que ambos verbos están en subjuntivo.

TAREA 4, p. 38

23-A: El texto afirma que el estudio *está en la línea de análisis previos*. B no es correcta porque lo que se dice es que se estudiaron niños de diferentes edades no que las conclusiones varían según la edad de los niños. C tampoco es correcta porque no se dice eso en ningún momento.

24-B: En el texto se dice que *las iniciativas en etapas posteriores serían poco eficaces*. A No es correcta porque lo que se afirma en el texto es que *deberían comenzar en torno a esa edad*, no antes. C tampoco es correcta porque, al contrario, se dice que *las habilidades matemáticas de chicas y chicos no son dispares,* es decir, que son similares.

25-C: El texto afirma que *la presión competitiva no afecta de manera análoga a chicas y chicos.* A Lo que dice el texto es que familias y profesores tienen diferentes expectativas en el caso de las niñas. B tampoco es correcta porque lo que dice el texto es que la presión los afecta de modo diferente.

26-B: El texto dice que *apela a la formación (matemática y didáctica) de los docentes*. A y C no son correctas, porque lo que dice el texto es que tener hombres y mujeres como profesores ayudará a romper estereotipos.

27-A: El texto habla de *la idea de que obtener buenos resultados (...) tiene que ver con tener talento natural.* B y C no son correctas, porque lo que el texto afirma es que las niñas pierden confianza en sus propias habilidades con la edad.

TAREA 5, p. 40

28-C: El texto ha hablado previamente de *empezar a trabajar (...) utilizando la red de contactos que se tejía entre parientes y conocidos.*

29-F: *se preguntan* está referido a un sujeto anterior plural: el mundo académico, el empresarial y los psicólogos especializados.

30-A: Se habla de un *trabajo de investigación*, que es sinónimo de *estudio,* que revela que lo mejor es tener un empleo relacionado con los estudios. Es lógico que este fragmento esté justo antes de la frase *el trabajar por trabajar no aporta rendimientos laborales en un futuro*.

31-G: El texto ha hablado previamente de competencias profesionales apreciadas por el mercado laboral y en este fragmento se detallan dichas competencias.

32-D: En el texto se afirma que *trabajar y estudiar al mismo tiempo tiene un coste* y en este fragmento se expresa la consecuencia: es mejor formarse primero y luego trabajar.

Los fragmentos B y E no tienen sentido en ninguna parte del texto.

TAREA 1, p. 42

0-I: El chico dice que no podría permitírselo, es decir, no puede costearlo (pagarlo).

1-F: La chica dice *no las tengo todas conmigo,* es decir, que no está segura de poder cursar la carrera que quiere porque piden una nota muy alta.

2-B: El chico dice que todavía es pronto para decidir, o sea, que no ha tomado una decisión.

3-A: La chica afirma que sus padres están con ella al cien por cien, es decir, que apoyan su decisión.

4-C: El chico menciona que tiene que hacer un montón de *papeleo*, que es una manera coloquial de hablar de los trámites burocráticos. Las traducciones, convalidaciones y certificaciones son trámites.

5-H: La chica afirma que no tiene la media suficiente para entrar donde quería estudiar, por lo que no ha podido matricularse en la universidad de su elección.

6-E: El chico dice que su familia opina que es una carrera *sin salida*, es decir, sin posibilidades de trabajo en el futuro.

7-K: La chica no se ha matriculado para el próximo curso y lo va a dedicar a aprender idiomas, viajar, es decir, se tomará un año sabático.

El enunciado D no corresponde a lo que dice ninguna persona, porque hay personas que no están todavía seguras (personas 1 y 2), pero no dicen que vayan a estudiar algo distinto. Por otro lado, la persona 5 estudiará en una universidad diferente a la que quería, pero hará la carrera que deseaba.

El enunciado G tampoco corresponde a nadie, porque ninguno dice nada parecido. El enunciado J tampoco corresponde a nadie porque la persona 2 habla del tema, pero no descarta seguir la carrera que todos ejercen en su familia.

TAREA 2, p. 43

8-A: A Irene la llamaron, es decir, que se lo comunicaron por teléfono. B no es correcta porque, al contrario, dice que no se lo veía venir, o sea, que sí la cogió por sorpresa. C tampoco es correcta porque lo que dice es que siempre <u>crees</u> haber fallado en alguna cosa, no que fallara.

9-A: Irene afirma que no estaba muy agobiada. B no es correcta porque, por el contrario, dice que tenía muy buena media en el bachillerato. C tampoco es correcta porque no dice eso en ningún momento.

10-B: Irene Peña dice que conforme van avanzando los cursos, cada vez es más complicado. A no es correcta porque, cuando la entrevistadora le pregunta si ha sido siempre una alumna constante, ella contesta que sí, aunque sobre todo el último año. C tampoco es correcta porque lo que afirma Irene es que cada vez hay que ser más serio y consciente, pero no dice que antes no lo fuera.

11-C: Ella dice que cada uno tiene que considerar si le resulta rentable, es decir, si le merece la pena el esfuerzo. A no es correcta porque lo que dice es que lo que se sacrifica es el tiempo que podrías dedicar a otras cosas. B tampoco es correcta porque dice que cada uno debe decidir si dedicarse a otras cosas o esforzarse en los estudios, por lo que no habla de hacer las dos cosas a la vez, es decir, compaginarlas.

12-A: Irene afirma que fue cosa de su padre. *Ser cosa de* significa *es la idea de*. B no es correcta porque, aunque la felicitaron, no fue ese el objetivo de la visita. C tampoco es correcta porque dice: *nada más enterarme de las notas,* por lo que no necesitaba confirmarlas.

13-B: Irene dice que cogió esa especialidad porque su meta es estudiar la carrera de arquitectura. A no es correcta porque lo que dice es que ya en secundaria se inclinaba por las ciencias y en bachillerato eligió la especialidad de Ciencias y Tecnología. C tampoco es correcta porque lo que es difícil según todo el mundo es la carrera de Arquitectura, no la especialidad que eligió en secundaria.

14-C: Irene dice que está esperando a que salgan las listas, es decir, a saber en qué universidad la han admitido. A no es correcta porque, al contrario, piensa que sería muy raro que no la admitieran en alguna universidad teniendo tan buenas notas. B tampoco es correcta porque ya ha realizado la preinscripción.

15-B: Irene dice que la ha ayudado a llegar hasta donde quería llegar. A no es correcta porque lo que dice es que ella no puede comparar al no tener otras experiencias. C tampoco es correcta porque lo que ella dice es que algunos compañeros le han hablado de la educación en otros lugares, pero no dice que sea peor o mejor.

TAREA 3, p. 44

A. No corresponde al texto, porque lo que se dice es que las personas estaban preparadas para trabajar toda su vida en una empresa, es decir, que no cambiaban de empresa a diferencia de lo que ocurre ahora. B no corresponde al texto. Lo que dice es que actualmente la gente vive un promedio de 20 años después de jubilarse.

16-C: Corresponde al texto que dice que actualmente *el Producto Bruto Interno de un país puede crecer con cero factor de trabajo humano.*

17-D: Corresponde al texto, ya que se afirma que debemos enfocarnos más que nunca en lo que nos hace humanos, como la ética, los valores...

18-E: Corresponde al texto donde se dice: *El incremento de la expectativa de vida, la llegada de la mujer al mercado laboral, la integración de las nuevas generaciones, la globalización, la hiperconcentración humana (...) están remodelando los negocios.* F no corresponde al texto, donde se afirma que este será uno de los trabajos del futuro, no que ya exista.

19-G: Corresponde al texto, que afirma: *En este contexto, la concepción del trabajo ha evolucionado lentamente, y es imperioso revisar viejas concepciones, ya que varios estudios predicen que la tecnología va a destruir más puestos de los que se van a crear.* H no corresponde al texto donde, por el contrario, se afirma: *El empleo va camino a ser en gran medida por encargo o* freelance.

20-I: Corresponde al texto. Dice que el trabajo del futuro hará *que tengamos que reinventarnos cada 10 años.*

21-J: Corresponde al texto donde se afirma que el campo del conocimiento actualmente se duplica cada 73 días.

22-K: Corresponde al texto que habla de la necesidad de crear nuevos modelos de negocio. L no corresponde al texto.

TAREA 4, p. 45

23-A: La chica afirma que es *una negada para las lenguas,* o sea, que se le dan mal. B no es correcta porque, aunque dice que va a ir a Irlanda en verano, no es esta la causa de estudiar un curso de inglés. C tampoco es correcta porque afirma que aprobó *por los pelos,* o sea, muy justa: con la nota mínima.

24-B: El chico afirma que le coincide con el baloncesto, es decir, el horario le va mal. A no es correcta porque, al contrario, da a entender que le gusta la profesora, aunque a otra gente no le guste. C no es correcta porque, por el contrario, dice que se le dan bien.

25-A: La profesora comenta que no ha puesto acentos y ha escrito el verbo *haber* sin *h.* B no es correcta porque la profesora menciona que las respuestas han sido breves, pero que este no es el motivo principal, sino que el problema real es la ortografía. C no es lo que dice el chico, al contrario, afirma que le ha parecido *chupado,* es decir, muy fácil.

26-C: La profesora afirma que va a hacer otra prueba la próxima semana sobre lo mismo. A no es correcta porque, por el contrario, la profesora afirma que todo el grupo es muy participativo. B no es correcta porque al final decidió no subirles la nota automáticamente, aunque había contemplado esta posibilidad: *Pensé subir un par de puntos en general, pero al final me ha parecido más justo hacer otra prueba la próxima semana sobre lo mismo, para daros la oportunidad de mejorar la nota.*

27-B: La madre le sugiere dar clases como su hermana y a él le parece una buena idea *eso va a ser más sensato.* A no es correcta porque le exigían incorporación inmediata y él no podía por sus exámenes y se hubiera tenido que levantar demasiado temprano. C tampoco es correcta porque iba a trabajar de monitor en un campamento, no de dependiente en una tienda.

28-A: El chico dice que de momento no quiere gastarlo, es decir, va a ahorrarlo; B no es correcta porque su abuela le ha prometido comprarle uno si aprueba. C no es correcta porque, cuando su madre le pregunta, dice que, aunque ese había sido su plan, ahora ni siquiera está seguro de que hagan el viaje.

29-C: La chica afirma que no acaba de terminar nada, es decir, que no es constante. A no es correcta porque lo que dice es que tiene muchas expectativas para el futuro, que es algo positivo. B no es correcta porque cuando dice que no se conforma con cualquier cosa, lo que significa que es una persona ambiciosa y autoexigente.

30-B: El profesor le dice que cumple 18 años en mayo, y que la convocatoria pone que hay que tener no más de 17 durante el programa, la primera quincena de junio, por lo que no puede presentarse a esta beca. A no es correcta porque lo que dice el profesor es que existe otra beca dirigida a personas de hasta 21 años que va a salir pronto. C tampoco es correcta porque lo que se dice es que el programa de la beca que había solicitado la chica se desarrollaba en la primera quincena de junio, no que pidiera la beca en junio.

EXAMEN 3

TAREA 1, p. 56

1-A: En el texto se dice que *la música y el baile han sido los protagonistas del desarrollo comunitario.* B no es correcta porque, aunque en el texto aparece la palabra *escenario,* se refiere al barrio en sí. C tampoco es correcta porque el texto dice que el barrio *fue el origen de una considerable cantidad de músicos, agrupaciones y escuelas de baile,* no de la salsa.

2-C: En el texto se dice que el barrio es *uno de los lugares más frecuentados por los visitantes de la capital valluna que desean empaparse de la cultura local.* A y B no son correctas porque el texto no lo menciona.

3-B: El texto menciona tanto a músicos colombianos como cubanos. A no es correcta porque el texto dice que *la jornada contó con la participación de las escuelas ganadoras en el Festival Mundial de Salsa,* no dice nada de una competición. C tampoco es correcta porque el texto no solo habla de músicos colombianos, sino también de un grupo cubano.

4-C: El texto dice que el evento busca que este lugar sea reconocido de ahora en adelante como el *Complejo Musical y Dancístico del Obrero.* A y C no son correctas porque el texto no lo indica.

5-B: El texto dice que el barrio *sirvió de hogar, en un comienzo, para las personas que trabajaban en la construcción del Ferrocarril del Pacífico y otras actividades económicas* y que *el intercambio cultural y la llegada constante de migrantes transformaron para siempre este lugar.* A no es correcta porque el texto dice que *sirvió de hogar, en un comienzo, para las personas que trabajaban en la construcción del Ferrocarril del Pacífico.* Más adelante fue cuando se conoció como barrio dedicado a la salsa. C tampoco es correcta porque lo que dice el texto es que el barrio era el hogar de *las personas que trabajaban en la construcción del Ferrocarril del Pacífico. No estaban de paso.*

TAREA 2, p. 58

6-A: El texto dice que *en 1933 abrieron su primer local* y que *en los años 50 empezaron a añadir en sus raciones de patatas, una salsa picante que dio lugar a la salsa brava,* por lo que apareció en el menú del local 17 años después de su apertura.

7-C: El local se llama Docamar y en el texto se dice que los orígenes del local *se remontan al Bar Donato.*

8-C: El texto menciona que el local dispone de una *terracita.*

9-D: En el texto se dice que el objetivo del restaurante es *recuperar el tapeo de siempre con recetas actualizadas* y que las *Bravas cremosas de Alejandro son diferentes e inolvidables, y no solo por su presentación, algo más cuidada y delicada de lo normal, sino por su cremosa salsa brava.*

10-A: En el texto leemos que *en los años 50 empezaron a añadir en sus raciones de patatas, una salsa picante que dio lugar a la salsa brava.*

11-B: El texto afirma que para los celiacos existe *la opción de bravas sin gluten.*

TAREA 3, p. 60

12-C: El sustantivo *lanzamiento* se usa para hablar de álbumes, discos y otros productos. A no es correcta porque *publicación* se usa para libros, artículos y otros tipos de texto. B tampoco es correcta porque *inauguración* se usa para eventos y exposiciones.

13-A: *No solo… sino que* es una estructura fija del español y la frase empieza por *no solo se posicionó como primer artista latino…* B no es correcta porque la conjunción *pero* introduce un contraste o una oposición, lo cual no es el caso de esta frase. C tampoco es correcta porque no podemos usar el adverbio *incluso* después de *no solo.*

14-B: El verbo correcto es *radicar* porque expresa origen o causa, lo cual tiene sentido en esta frase, ya que está hablando de la causa de su motivación para hablar de política. A no es correcta porque el verbo *estar* con la preposición *en* se suele utilizar para hablar de ubicación o estado. C tampoco es correcta porque *consistir en* significa *equivaler a* o *estar compuesto de*, lo cual no tendría sentido en esta frase.

15-C: Aunque no haya un sujeto explícito, hay uno implícito, y este sujeto lo comparten tanto el verbo *utilizar* como *abordar*; al ser el mismo sujeto, se usa el infinitivo. A y B no son correctas, porque *que + subjuntivo* se usa cuando los sujetos son distintos.

16-A: Se usa el relativo *que* cuando el antecedente se trata de una cosa o persona y este es el caso, ya que el antecedente es *portavoz auténtico*. B no es correcta porque el relativo *cual* se debe usar con un artículo determinado. C tampoco es correcta porque el relativo *cuyo* sirve para indicar posesión.

17-B: La preposición *de* indica la procedencia o el origen del elogio. A No es correcta ya que la preposición *por* funcionaría en una frase pasiva (*ha sido elogiado por*) y no es el caso. C tampoco es correcta porque la preposición *desde* indica origen espacial o temporal, lo cual no tendría sentido.

18-A: Un concierto es un *evento*. B y C no son correctas porque un concierto no es ni un *suceso* ni una *acción*.

19-C: *Hasta cierto punto* es una frase hecha. Por tanto, A y B no pueden ser correctas.

20-B: *Consumir* canciones significa escuchar canciones con la idea de nutrirse de ellas. A no es correcta porque los niños no suelen tener poder adquisitivo. C tampoco es correcta porque no tendría sentido.

21-B: *escuchen* es la opción correcta, ya que la estructura es *permitir que +* presente de subjuntivo. A no es correcta porque en esta estructura se usa el pretérito imperfecto de subjuntivo cuando hablamos de una acción pasada, pero no es el caso en esta frase. C tampoco es correcta porque el condicional se usa para hablar de posibilidades o hipótesis, lo cual no tendría sentido con el verbo *permitir*.

22-A: *Fuera de control* es una frase hecha. Por tanto, B y C no pueden ser correctas.

TAREA 4, p. 62

23-C: El texto dice que el régimen es un sistema totalitario que *sobrevive a base de privar a sus habitantes de cualquier manifestación artística*. A no es correcta porque lo que dice el texto es que, *tras un acontecimiento conocido como el Colapso, la humanidad se ha visto obligada a vivir bajo tierra*. B no es correcta porque el texto dice que el Salvador es un dictador que lidera el régimen contra el que los pobres luchan.

24-C: En el texto se dice que, en el viaje, el protagonista descubrirá que *hay gente que refleja sus sentimientos y emociones a través de un vehículo que la historia ha demostrado que es más poderoso que cualquier arma de fuego, la música*. A no es correcta porque el texto dice que el protagonista es *un repartidor al que se le ha encomendado la tarea de transportar un paquete*. B no es correcta porque el texto dice que el *contenido resulta tan misterioso como su destinatario*.

25-A: El texto habla de *una distopía que tiene mucho que ver con el estado de la sociedad actual*. B y C no son correctas porque esa información no aparece en el texto.

26-B: El texto dice que el videojuego tiene *algunas fases con un componente rítmico que nos lleva a tener que pulsar un botón en el momento justo siguiendo el compás*. A y C no son correctas porque esa información no aparece en el texto.

27-B: El texto indica que el juego sigue un *sistema de ensayo y error*. A no es correcta porque el texto dice que existe la opción de *saltar los puzles*. C no es correcta porque el texto dice que *el juego guarda la partida de forma automática con frecuencia*.

TAREA 5, p. 64

28-D: El fragmento dice que *convertido en escultor experto la recuerda como una de sus creaciones más queridas*. Este *la* alude a aquella primera pieza imperfecta que sigue siendo importantísima para él.

29-G: *La insensata persecución* se refiere a las represalias de la policía mencionadas en la frase anterior.

30-C: En la frase anterior se dice que Kirman *decidió dejar la carrera para dedicarse por completo a la escultura* y, en la siguiente, se dice que él y los demás *han aprendido con la práctica*.

31-A: *Ellos* se refiere a los clientes chinos que se mencionan en la frase anterior.

32-F: En la siguiente frase se dice que *sus precios son más competitivos* y esto se debe a su ventaja por ser *primera mano*. También se está comparando a Kirman y los demás escultores, *que están literalmente en el fin del mundo,* con los artesanos en las grandes ciudades.

Los fragmentos B y E no tienen sentido en ninguna parte del texto.

TAREA 1, p. 66

0-B: El chico dice: *a la gente le extraña que me guste el terror, aunque por la noche tenga pesadillas,* por lo que lo lógico sería que no le gustara.

1-K: La chica dice que la interpretación es brillante, es decir, que la actuación es muy convincente.

2-G: El chico dice que para él *la versión doblada no es tan buena* como la original.

3-J: La chica dice que le gusta sobre todo el decorado y el vestuario que crean una atmósfera mágica.

4-F: El chico dice que el personaje principal le ha enseñado que para hacer cosas extraordinarias hacen falta perseverancia, optimismo y no rendirse.

5-A: La chica dice que la película le recuerda a cuando se disfrazaban ella y su padre cada carnaval de personajes de la película. Añade: *desde muy niña,* por lo que se entiende que era una tradición familiar.

6-D: El chico dice que escucha la banda sonora mientras hace deporte porque le da energía y motivación.

7-I: La chica dice que la película *Titanic* crea unas expectativas del amor poco realistas y que piensa que difícilmente encontrará una pareja que cumpla con ellas. Los enunciados C y E no corresponde a nadie, porque ninguno dice nada parecido. El enunciado H tampoco corresponde a nadie porque, aunque las personas 0, 1 y 6 hablan de la música de las películas, ninguna dice que es lo mejor.

TAREA 2, p. 67

8-A: Rafael dice que regresó a Perú a los veintiún años. B no es correcta porque dice que solo vivió en Estados Unidos durante su adolescencia. C tampoco es correcta porque dice que vivió en México solo durante un año.

9-B: Rafael dice: *Yo siempre he dibujado. Dibujo desde muy niño.* Por lo tanto, A y C no son correctas.

10-B: Rafael dice que aprendió a pintar investigando a través de libros, Internet y el *ensayo error.* A no es correcta porque iba a la biblioteca para mirar libros, no habla de ningún curso. C no es correcta porque usaba Internet para ver tutoriales, que son vídeos, no habla de ningún tutor.

11-B: Rafael dice que el *YouTube* fue una herramienta excelente y muy útil para hacerlo, A y C no son correctas porque no lo dice en ningún momento.

12-C: Rafael dice que la técnica del *scumbling* consiste en usar solo el blanco y el color tierra. A no es correcta porque dice que Caravaggio usaba la técnica, pero no que la hubiese inventado. B tampoco es correcta porque, aunque habla de agregar materia, con *materia* se refiere a pintura.

13-A: Rafael dice que su inspiración proviene de un intento de encontrar lo que se halla en el inconsciente del ser humano, o sea, lo que hay en el interior de la mente humana. B no es correcta porque dice que, una vez que ya está expuesta, se crea una conexión entre la obra y el espectador, de modo que el espectador hace su propia interpretación de la obra. C tampoco es correcta porque dice que su obra trata temas como la fragilidad del cuerpo, no que sea su objetivo demostrarlo.

14-C: Rafael dice que una vez creada, la obra deja de pertenecer al artista, solo le pertenece el proceso. A no es correcta porque lo que dice es que no hay un control en lo que sucede cuando la obra ya ha sido creada. B tampoco es correcta porque dice que cuando se expone la obra, se genera en el espectador *una serie de sensaciones y emociones* que son las suyas propias, no las del artista.

15-A: Rafael dice que siente su obra como una extensión suya. B no es correcta porque dice que lo que busca es entender sus preguntas y que surjan así más preguntas. C tampoco es correcta porque no lo dice en ningún momento.

TAREA 3, p. 68

16-A: Corresponde al texto donde se dice que, según un estudio, *la generación Z destina incluso más tiempo a la lectura impresa que las generaciones anteriores.* B no corresponde al texto: en ningún momento se dice.

17-C: Corresponde al texto donde se dice: *Es por eso que esta generación da mayor credibilidad a diarios, revistas o cualquier tipo de texto impreso, ya que vienen con fuentes y la información puede ser corroborada rápidamente.* D no corresponde al texto porque en ningún momento se dice. E tampoco corresponde al texto porque en ningún momento se dice.

18-F: Corresponde al texto donde se dice que los textos impresos *podrían tener la llave, ya que esta generación les da mayor credibilidad.*

19-G: Corresponde al texto donde se dice de la generación Z que, *al ser nativos digitales, saben cómo funciona la web y las redes sociales, entendiendo que cualquier persona puede escribir lo que se le* *antoje sin tener ningún tipo de fuente veraz.* H no corresponde al texto porque lo que dice es que *en la web cualquier persona puede escribir lo que se le antoje sin tener ningún tipo de fuente veraz,* pero no que no se pueda demostrar la veracidad de la información.

20-I: Corresponde al texto donde se dice que *contrariamente a lo que también se podría pensar, no están leyendo solamente en formatos digitales, sino que prefieren los libros físicos,* desafiando así muchos de los prejuicios existentes.

21-J: Corresponde al texto donde se dice que la generación Z está tan sobreestimulada todo el tiempo con tantas pantallas que los libros representan una excelente forma de desconectarse de ellas, permitiéndoles recuperar la concentración y el disfrute pausado. K no corresponde al texto porque lo que se dice es que los jóvenes leen para escapar de las nuevas tecnologías, no de sus responsabilidades.

22-L: Corresponde al texto donde se dice que los libros representan una excelente forma de desconectarse de ellas (las pantallas, es decir, el mundo digital).

TAREA 4, p. 69

23-C: Cuando el chico pregunta si la tortilla del restaurante es tan buena como la de su padre, la chica le responde que la de su padre *pone el listón muy alto,* es decir, que es insuperable. Por lo tanto, A y B no son correctas.

24-A: La chica dice: *Me quedé con ganas de probar las croquetas,* lo que significa que no llegó a probarlas y le apetece hacerlo. Por lo tanto, B no es correcta y C tampoco lo es porque no menciona el precio.

25-B: El chico dice que estuvo a punto de no incluir el cuadro del lago en la exposición. No son correctas A y C porque no lo dice en ningún momento.

26-C: La chica no quiere aceptar el cuadro y añade que *es uno de los grandes,* refiriéndose a que es demasiado valioso. Por lo tanto, A y B no son correctas.

27-A: El chico dice que su padre tuvo que llevar el auto al taller porque no arrancaba. B no es correcta porque, aunque menciona una tormenta, no dice que sea el motivo principal de la hora tardía de su llegada, sino que se trata de un problema añadido: *Encima nos pilló una tormenta en el camino.* C tampoco es correcta porque no lo dice en ningún momento.

28-B: El chico dice que han reservado un *kayak* para la tarde. A no es correcta porque dice que pensaban en ir al castillo algún día, o sea, que todavía no lo tienen decidido. C tampoco es correcta porque es una decisión del chico, no de la familia.

29-B: La chica le dice a su amigo que es muy *fotogénico.* A no es correcta porque la chica dice que no piensa que el naranja le quede mal a su amigo, pero no llega a decir que le favorezca. C tampoco es correcta porque le propone retocar la foto, pero no dice que sea necesario.

30-B: El chico dice que el marco *no está mal,* lo que significa que es aceptable. A no es correcta porque no lo dice en ningún momento. C tampoco es correcta porque es la chica la que piensa que el marco que ha elegido él no va con la foto.

EXAMEN 4

PRUEBA 1   **COMPRENSIÓN DE LECTURA Y USO DE LA LENGUA**

TAREA 1, p. 80

1-B: En el texto se afirma que los jóvenes campesinos *guardan mayor afinidad con los jóvenes de ámbitos urbanos.* A no es correcta porque lo que se dice en el texto es que no quieren trabajar el campo del mismo modo que lo hacían sus padres. C tampoco es correcta porque lo que afirma el texto es que tienen más escolaridad que sus propios antepasados, no que los jóvenes urbanos.

2-A: En el texto se dice que el 13 % de los jóvenes entre 15 y 29 años viven en sectores rurales. B no es correcta, ya que el texto dice que las zonas *rururbanas* son aquellas que eran tradicionalmente rurales y que hoy tienen cierto nivel de infraestructura y conectividad. C tampoco es correcta porque lo que se desprende del texto es hay más jóvenes en la ciudad.

3-C: El texto afirma que *aportan ideas novedosas.* A no es correcta porque, por el contrario, son jóvenes de la ciudad que van al campo. B tampoco lo es porque a lo que aspiran es a vivir y emprender en el campo.

4-B: El texto afirma que *exhiben una escolaridad tres veces superior a la de sus progenitores.* A no es correcta porque lo que se dice es que actualmente hay más jóvenes rurales que estudian, pero no habla de resultados académicos. C tampoco es correcta porque, por el contrario, se dice que un gran número llega a la universidad.

5-A: El texto dice que *dedicarse a las labores del campo es percibido negativamente.* B no es correcta porque, por el contrario, se dice que *está bien remunerada.* C tampoco es correcta porque lo que se afirma es que los jóvenes se sienten demasiado cualificados como para trabajar en un oficio físico y poco prestigioso.

TAREA 2, p. 82
6-B: La persona afirma que lo que más le marcó *fue el contacto con la comunidad indígena.*
7-D: La persona afirma que *fue una estancia muy breve, pero suficiente para asomarse al mundo del trabajo solidario.*
8-C: La persona dice que se le permitió contribuir a la organización con actividades y sugerencias.
9-D: La persona dice que esta experiencia le ayudó a *ser consciente de la suerte que tenemos.*
10-C: La persona habla de *apoyo con las tareas y el seguimiento escolar.*
11-A: La persona comenta que *representa retos físicos y emocionales.*

TAREA 3, p. 84
12-B: Usamos *proveedor* para hablar de quien ofrece o suministra un servicio. A no es correcta porque *aprovisionador* se usa para hablar de alguien que abastece de provisiones o materiales. C tampoco es correcta porque *suplir* en español significa *sustituir* o *reemplazar.*
13-A: *En lugar de* es una locución preposicional fija del español que significa *en vez de* o *en sustitución de.* Por tanto, ni B ni C son correctas.
14-C: *Es normal que* es una expresión de valoración, por lo cual debe ir seguida de subjuntivo. *Tendrán* y *tendrían* son indicativo, por tanto, *hayan tenido* es la opción correcta y A y B no serían correctas.
15-B: *Subrayar* tiene un sentido figurado de *destacar.* A y C no serían correctas en este contexto.
16-A: *A la par de* significa *al mismo tiempo, de forma paralela,* que es lo que conviene en este texto. B y C no son correctas: *a ritmo de* significa con cierta velocidad o frecuencia y *a base de* significa mediante algo o usando algo como base.
17-A: La palabra correcta es *sino* porque la construcción es *no solo... sino también,* que se usa para sumar características o cualidades. B no es correcta porque *pero* se usa para contrastar o contradecir, no para añadir. C tampoco es correcta porque *como* indica comparación y no tiene sentido en esta frase.
18-B: El verbo correcto es *invertir,* que significa *poner dinero, tiempo o esfuerzo en algo esperando un beneficio.* A y C no son correctas porque *investir* significa *dar un cargo o título a alguien,* y *adquirir* significa *obtener o conseguir algo,* y ninguno de los dos verbos tienen sentido aquí.
19-C: La palabra correcta es *requisitos* que significa *las condiciones u obligaciones que se deben cumplir.* A no es correcta porque *requerimiento* es un acto judicial por el que se ordena que se haga algo. B tampoco es correcta porque *requisición* es un embargo de bienes o servicios en tiempo de guerra.
20-B: La expresión técnica es *titular de una cuenta,* persona a cuyo nombre está la cuenta. A y C no son correctas porque *dueño* y *propietario* se usan para bienes inmuebles, negocios, vehículos, etc.
21-A: *De hecho* se usa para reforzar, confirmar o introducir una explicación o evidencia. B no es correcta porque *de facto* es un latinismo usado sobre todo en lenguaje jurídico, político o académico, con el significado de *en la práctica.* C no es correcta porque *actualmente* significa *en este momento, en la actualidad.*
22-C: Aquí la palabra correcta es *qué,* ya que se refiere a las características de la cuenta. A no es correcta porque *cuál* se usa cuando hay una selección limitada. B no es correcta porque *la que* funcionaría si ya se hubiera mencionado previamente la cuenta.

TAREA 4, p. 86
23-C: En el texto se dice que Luis que *intenta no separarse nunca de su vehículo* y añade: *Es mi medio de trabajo y vale más de mil euros, no podría quedarme sin él.* A no es correcta porque, aunque habla del precio, no se queja de él. B tampoco es correcta porque lo que dice es que se mueve por la calzada o la acera, según le sea más conveniente.
24-B: Luis habla de la *falta de empatía de los conductores.* A no es correcta porque él se queja de la falta de lugares para descansar y recargar el patinete, pero no habla de problemas de aparcamiento. C tampoco es correcta porque comenta que frenar es más difícil para un patinete, pero no dice nada sobre maniobrabilidad.

25-A: En el texto se afirma que *la prensa solo suele hablar de los patinetes para referirse (...) a accidentes y lesiones, regulaciones confusas y a problemas de convivencia con los peatones*, es decir, solo cosas negativas. B no es correcta porque solo habla de la percepción negativa de quienes no lo usan. C tampoco es correcta porque lo que se afirma es que al principio se asociaba a ejecutivos y ahora en cambio se asocia a colectivos marginalizados.

26-A: Lago Carro dice que *la calzada ahora tiene más pretendientes que el automóvil y la acera tiene más pretendientes que el peatón*. B no es correcta: lo que dice el texto es que debe haber un carril para bicicletas y patinetes separado del de los automóviles. C tampoco lo es porque lo que se afirma es que el transporte de la ciudad del futuro debe basarse en los VMP y en el transporte público.

27-A: El texto afirma que los accidentes disminuirán cuando haya una regulación (como ocurrió con los automóviles) y que hay que renegociar la manera en la que estamos juntos (automóviles, patinetes, etc.). B no es correcta porque lo que se dice es que el peligro de los automóviles disminuyó cuando se hizo una normativa clara. C no es correcta porque, aunque dice el texto que con la presencia de los patinetes ya no estamos en un tipo de ciudad dominada por los automóviles, lo comenta como signo de este cambio, no como contribución para cambiar las ciudades. El verbo *contribuir* conlleva un significado positivo que no está en el texto.

TAREA 5, p. 88

28-C: La frase se une a la anterior por una relación de contraste o paradoja. La primera afirma que en Latinoamérica hay mucha actividad emprendedora; la segunda, introducida por el conector *sin embargo*, nos da una información que contrasta con lo que podríamos esperar.

29-B: La frase anterior nos ha hablado de la difícil situación de los jóvenes emprendedores y la consecuencia (introducida por el nexo *es por ello*) es que hay que encontrar maneras de ayudarlos.

30-A: Anteriormente se nos ha dicho que los jóvenes representan un segmento poco atractivo para los inversores y la consecuencia (*en gran parte por ello*) es la autofinanciación.

31-E: Antes se ha hablado de lo que está haciendo el sector público para ayudar a los jóvenes y ahora se comenta lo que está haciendo el sector privado. El mecanismo de cohesión usado es repetir la palabra *sector*.

32-G: Anteriormente se ha comentado el *desfase entre las habilidades que adquieren los jóvenes durante su etapa educativa y aquellas que necesitan cuando se incorporan al mercado laboral*. Luego, se comenta qué se puede hacer para reducir esta brecha. Aquí se usa un sinónimo de *desfase* como mecanismo de cohesión.

Los fragmentos C y F no tienen sentido en ninguna parte del texto.

PRUEBA 2   **COMPRENSIÓN AUDITIVA**

TAREA 1, p. 90

0-E: El chico habla de la ciudad de sus antepasados, es decir, la ciudad de procedencia de su familia.

1-I: La chica dice que en verano es un horno, una metáfora muy usada para hablar de un lugar muy caluroso.

2-K: La gastronomía es el conjunto de platos y formas de cocinar de un lugar y el chico comenta lo bien que se come y dice que le flipa la comida (*flipar* es una manera coloquial de decir que algo gusta mucho).

3-A: La chica menciona un río y el adjetivo *fluvial* significa que tiene *río*.

4-J: El chico dice que tiene uno de los *mayores cascos antiguos de Europa*. El casco antiguo hace referencia al núcleo original, más antiguo y monumental de una ciudad.

5-G: La chica dice que Madrid hace que la gente se sienta de allí, venga de donde venga, es decir, es una ciudad hospitalaria, acogedora.

6-B: El chico dice que la ciudad no vale mucho, pero que muy cerca hay lugares muy atractivos, o sea, sus alrededores son lo más interesante.

7-D: La chica menciona un evento (un festival) que tiene lugar cada octubre, es decir, una vez al año.

TAREA 2, p. 91

8-C: En la entrevista, Alfonso Escriche afirma que quería *hacer algo que sirviera a las personas*; A no es correcta porque, al contrario, afirma que quería <u>algo más</u> que ponerse a trabajar en una empresa grande; B no es correcta porque dice que su primer proyecto se debió a las circunstancias de un familiar suyo.

9-C: Alfonso comenta que vieron la utilidad para las personas mayores de una aplicación de geolocalización que habían creado. A no es correcta porque dice que ya llevaban un tiempo con una empresa que habían montado. B tampoco es correcta porque lo que dice es que Cerqana es una adaptación para personas mayores de una aplicación que habían desarrollado anteriormente para deportistas.

10-B: Alfonso dice que *el objetivo último* es que la tecnología esté al alcance de todos y no tener que crear una adaptación para personas mayores. A no es correcta, lo que dice es que Cerqana fue un intento de acercar los móviles a las personas mayores. C no es correcta porque, al contrario, aspira a que todos puedan usar la misma tecnología sin necesidad de adaptaciones.

11-A: Alfonso dice que lo que pretende el segmento cíber es conseguir que las personas que ahora viven más años vivan mejor. B no es correcta porque, aunque menciona los problemas de salud derivados de vivir más años, no dice que ese sea el objetivo del sector cíber. C tampoco es correcta porque en ningún momento se dice que ese sea el propósito.

12-B: Alfonso afirma que su nuevo proyecto ayudará a las personas con movilidad reducida a que puedan localizar las ubicaciones de las plazas de aparcamiento. A no es correcta porque lo que menciona es *una única plataforma accesible para todo el mundo*, pero aquí *mundo* significa *gente*, no *planeta*; C tampoco es correcta porque, aunque afirma que las personas con diversidad funcional se están quedando atrás, no quiere decir en el sentido de la formación, sino de las posibilidades de desplazarse.

13-B: Alfonso dice que cada municipio de Europa aplica de una forma distinta las regulaciones de la Unión Europea. A no es correcta porque lo que dice la regulación es que pueden aparcar en cualquier sitio donde no estorben al tráfico. C tampoco es correcta porque no dice eso en ningún momento.

14-C: Alfonso Escriche afirma que los consumidores quieren una empresa que dé un servicio, pero además que tenga una serie de valores. A no es correcta porque lo que dice es que es muy difícil y hay que valorar si compensa, pero no dice que no compense. B tampoco es correcta porque no dice eso en ningún momento.

15-A: Alfonso Escriche invita a los oyentes a entrar en la plataforma y mapear su municipio. B no es correcta porque no dice eso en ningún momento. C tampoco es correcta porque dice que los ayuntamientos están colaborando, pero no que sea un proyecto de estos.

TAREA 3, p. 92

16-A: Corresponde al texto donde se dice que una de las motivaciones para aprender a conducir es la diversión.

17-B: Corresponde al texto, ya que se afirma que la licencia de manejo (es decir, el permiso de conducir) permite aprender a manejar (conducir) legalmente. C no corresponde al texto porque lo que dice el texto es que, si dos conductores recorren la misma distancia, el adolescente tiene más probabilidad de sufrir un accidente.

18-D: Corresponde al texto que dice que *de los 55 años en adelante comienzan a apreciarse los signos del envejecimiento*. E no corresponde al texto. Lo que dice es que ser mayor se considera más peligroso para la seguridad vial porque las personas mayores, tanto conductores como peatones, tienen un comportamiento diferente, con mayor riesgo de accidentes, al que solían tener.

19-F: Corresponde al texto: *a veces la edad no es signo de madurez, y la vejez no siempre es sinónimo de deterioro físico*. G no corresponde al texto, en el que se dice lo contrario, que a los dieciséis años *el cuerpo no está en su completo desarrollo*.

20-H: Corresponde al texto. Dice que para muchos es así porque a esa edad las responsabilidades legales aumentan.

21-I: Corresponde al texto donde se dice que *ya se alcanzan los pedales, el volante (...), pisar el acelerador, el freno, el embrague y realizar los cambios con la palanca al mismo tiempo*. J no corresponde al texto donde no se comenta este aspecto. K no corresponde al texto, en el que se dice que hay que aprender con *alguien cualificado* que *podría ser un conocido experimentado*.

22-L: Corresponde al texto donde se dice que estar demasiado confiado puede ser un peligro.

TAREA 4, p. 93

23-B: La madre dice que está *enganchado*, es decir, que tiene una adicción. A no es correcta, porque lo que afirma la madre es que si hubieran elegido el plan que dice el hijo, hubiera consumido los datos de toda la familia. C tampoco es correcta porque lo que dice es que descargar videojuegos es una de las cosas que hubiera hecho con ese plan.

24-C: El chico dice que ha quedado con los compañeros en hacer el proyecto de historia por Zoom. A no es correcta porque no lo dice en ningún momento. B tampoco es correcta porque lo que dice es que la profesora de filosofía les envía los deberes por WhatsApp.

25-C: Aunque hablan de las tres cosas, descartan la taza porque es frágil y el calendario porque el año está muy avanzado y al final optan por la camiseta.

26-A: La chica dice que va a costar una pasta, es decir. mucho dinero. B no es correcta porque nunca dice eso. C tampoco es correcta porque lo que dice es que para que llegue a tiempo deberán pagar más.

27-C: La agente le dice que lo más fácil es contratar un seguro temporal. A no es correcta porque en ningún momento dice eso. B tampoco es correcta porque, aunque el chico pregunta si eso es posible, el agente le aconseja otra cosa: el seguro temporal.

28-A: El chico pregunta si hay copago y el agente dice que hay que pagar 10 € por visita. B no es correcta, puesto que hay que pagar una parte. C tampoco es correcta porque el chico pregunta específicamente sobre ese tema y la agente dice que sí se cubren.

29-B: El vendedor dice que hay una promoción por el lanzamiento de la nueva versión. A no es correcta porque, aunque el vendedor dice que se puede comprar a plazos, no dice que así salga más barata. C tampoco es correcta porque la chica pregunta si sería mejor esperar a las rebajas, o sea, que en este momento no están de rebajas.

30-B: El vendedor dice que, si deja una *señal*, es decir, una parte del precio, le guardará la oferta. A no es correcta porque lo que dice el vendedor es que los productos que llevan una estrella incluyen funda y protector de pantalla. C tampoco es correcta porque la chica ofrece volver por la tarde, pero el vendedor dice que puede esperar hasta el día siguiente.

EXAMEN 5

PRUEBA 1 **COMPRENSIÓN DE LECTURA Y USO DE LA LENGUA**

TAREA 1, p. 104

1-A: En el texto se afirma que *no hay una normativa común que regule de manera uniforme la cuestión de los tatuajes en menores.* B no es correcta porque lo que dice el texto es que se suele exigir autorización a los padres, no que sea su decisión. Además, dice que *es relativamente fácil encontrar estudios que realizan tatuajes sin atenerse a estos requisitos,* es decir, sin la autorización expresa de los padres. C tampoco es correcta porque dice el texto que los estudios clandestinos tienen poco control sanitario.

2-B: El texto afirma que los profesionales sanitarios *nos alertan además sobre los efectos a largo plazo.* A no es correcta porque dice que los riesgos en locales certificados no son frecuentes, pero no dice que no existan. C tampoco lo es porque dice que son costosos y dolorosos, no que sean peligrosos.

3-A: El texto dice que los psicólogos *advierten que el arrepentimiento posterior es frecuente.* B no es correcta porque el texto dice que los jóvenes se arrepienten de haberse tatuado *símbolos de moda.* C no es correcta porque dicen que el arrepentimiento por haberse tatuado puede llevar a los jóvenes a sentir baja autoestima, no que los tatuajes sean síntoma de baja autoestima.

4-A: El texto dice que muchos jóvenes se tatúan *sin pensar en la huella que va a dejar en la piel esa decisión.* B no es correcta porque lo que se dice en el texto es que los *influencers* que llevan tatuajes contribuyen a su normalización entre los jóvenes. *Normalizar* no es sinónimo de *aconsejar.* C tampoco es correcta porque lo que se dice es que *los profesionales denuncian que algunos jóvenes recurren a métodos caseros,* no se dice nada sobre si es fácil o no lo es.

5-B: El texto dice que las diversas instituciones reclaman *programas de sensibilización.* A no es correcta porque lo que dice el texto es que hay países con leyes más duras. C tampoco lo es porque el texto dice que ya hay actividades al respecto en algunos institutos.

TAREA 2, p. 106

6-B: El texto afirma que *este deporte formó parte de los Juegos Olímpicos, pero como exhibición* en años anteriores.

7-A: El texto dice que *en caso de terminar igualados, se da comienzo a una prórroga en la que gana el primero que anota.*

8-D: El texto dice que la pelota *debe botar en el piso antes de que pueda tocarla el rival.*

9-A: El texto dice que se trata de *una variante del fútbol americano.*

10-C: El texto afirma que se jugará *una versión más rápida surgida en 2003.*

11-B: El texto dice que *el equipo que tiene la posesión dispone de 30 segundos para completar la jugada.*

TAREA 3, p. 108

12-B: *Lo cierto es* constituye un marcador discursivo que destaca una afirmación considerada relevante dentro del discurso. A no es correcta porque *verdad* es una palabra femenina y se diría *la verdad es que,* con un significado equivalente al anterior. C tampoco es correcta porque *lo importante es que* se usa para destacar una idea entre varias.

13-A: *Es más* sirve para añadir y reforzar. B no es correcta porque *por el contrario* sirve para oponer y no tiene sentido en este texto. C tampoco es correcta porque *más bien* se usa para corregir o matizar y tampoco tiene sentido aquí.

14-B: La expresión *es muy probable que* menciona la alta posibilidad de que pase algo y siempre va seguida de un verbo en subjuntivo: *estén.* Por este motivo, las opciones A y C no son correctas.

15-C: La expresión es *ponerse en una situación,* por tanto, ni A ni B son correctas porque los verbos *ver* y *suponer* no van seguidos de la preposición *en.*

16-A: El orden de esta frase está alterado para enfatizar. Su orden normal sería *No es casual que la humanidad entera se salude así. No es casual* es una expresión de valoración, por lo cual debe ir seguida de subjuntivo; por tanto, B y C no son correctas.

17-B: La expresión es *dejar claro.* A no es correcta porque, aunque *evidenciar* significa lo mismo, no necesita la palabra *claro,* ya que sería redundante. C tampoco es correcta porque *tener claro* significa *entender algo bien* y no tendría sentido en esta frase.

18-A: *Incluso* va seguido de gerundio para expresar concesión. Por tanto, B y C no son correctas.

19-C: Usamos el verbo *soler* seguido de infinitivo para hablar de un hábito. A no es correcta porque el verbo *acostumbrar,* aunque tiene el mismo sentido, debe ir seguido de la preposición *a.* B no es correcta porque lo que se diría es *estamos habituados a.*

20-B: La expresión es *no caber duda* (a alguien de algo). A no es correcta porque sobraría el pronombre *les.* C tampoco lo es porque no existe la expresión *dar duda.*

21-A: La preposición *tras* puede ir seguida directamente por un infinitivo. B y C no son correctas porque *después* y *luego* son adverbios que deberían ir seguidos de la preposición *de.*

22-A: *Aunque* va seguido de subjuntivo cuando hablamos de algo hipotético. Por tanto, B y C no son correctas.

TAREA 4, p. 110

23-B: El texto afirma que *las tres plantas aún son sembradas juntas y crecen en una sinergia vegetal.* A no es correcta porque lo que dice el texto es que tuvo una repercusión en la cocina mundial, pero no que constituya la base de la alimentación. C tampoco es correcta porque lo que dice de algunas regiones de México es que siguen plantándola junto con el frijol y la calabaza.

24-A: El texto afirma que *son cultivadas una gran variedad de plantas comestibles, (...) que complementan la alimentación de las comunidades.* B no es correcta porque lo que dice el texto es que las hortalizas necesitan más agua y, por tanto, cuentan con sistemas de riego. C tampoco lo es porque lo que dice es que cuando hay más producción, se destina al mercado nacional.

25-A: En el texto se habla de *políticas públicas que buscaron modificar los hábitos alimenticios.* B no es correcta porque lo que se dice es que las autoridades achacaron la pobreza y el atraso social a la dieta tradicional. C tampoco es correcta porque no se dice eso en ningún momento.

26-C: El texto afirma que el Acuerdo General sobre Aranceles Aduaneros y Comercio *se tradujo en el retiro de subsidios e inversiones públicas para la agricultura.* A no es correcta porque lo que dice es que a consecuencia del acuerdo muchos campesinos abandonaron la agricultura, lo que dio paso a la entrada de alimentos procesados. B tampoco lo es porque lo que se dice es que se vendieron las tierras comunales.

27-B: El texto afirma que el Tratado de Libre Comercio de América del Norte hizo que aumentara el consumo de alimentos ultraprocesados, lo cual *ha propiciado el incremento de dolencias como la diabetes y la obesidad*. A no es correcta porque lo que se dice es que una de las medidas para solucionar los problemas mencionados es mejorar el etiquetado de los productos. C tampoco es correcta porque no se dice eso en ningún momento.

TAREA 5, p. 112

28-C: Antes se ha mencionado un estudio y ahora se habla de *sus* resultados.

29-E: La frase anterior ha explicado que el nuevo sentido es una forma de tacto y en esta frase nos explican que lo llaman el *tacto remoto*.

30-G: Antes se menciona que es la primera vez que se estudia el tacto remoto en humanos y en esta frase se dice que hasta ahora se había considerado algo exclusivo de ciertos animales.

31-B: La frase anterior ha hablado de lo que no es el tacto remoto y en esta frase explica en qué consiste este nuevo sentido.

32-D: El párrafo empieza hablando de las *implicaciones prácticas* y en esta frase se nos proporcionan algunos ejemplos como los sensores robóticos.

Los fragmentos A y F no tienen sentido en ninguna parte del texto.

PRUEBA 2   COMPRENSIÓN AUDITIVA

TAREA 1, p. 114

0-E: La chica dice que, por mucho que quiera, nunca podrá tener gatos, es decir, que tiene que renunciar a ello.

1-B: El chico dice que su problema es genético (hereditario), que lo tiene casi toda la familia de su padre.

2-K: La chica dice que en junio tiene exámenes finales y que le preocupa que eso le pueda causar un problema.

3-D: El chico afirma que tendrá que *pasar por quirófano,* es decir, que tendrá que ser operado.

4-F: La chica dice que vio el partido *desde el banquillo,* es decir, como espectadora. Sus planes se truncaron porque habla de la ilusión que tenía por participar.

5-H: El chico dice que se lo ha buscado él, es decir, que se considera responsable del problema.

6-C: La chica dice que la ingresaron, es decir, la hospitalizaron por no darles importancia a síntomas persistentes.

7-J: El chico dice que lo malo es que descubrieron su problema muy tarde, es decir, que tardaron en diagnosticarle la enfermedad.

TAREA 2, p. 115

8-C: En la entrevista Carlos afirma que sus padres le han inculcado el tratar a las personas como iguales. A no es correcta porque lo que dice es que sus padres le hacen sentir el Carlos Alcaraz del pueblo, es decir, le recuerdan sus orígenes. B tampoco es correcta porque no dice eso en ningún momento.

9-B: Carlos Alcaraz dice que *influir en otros jugadores o que te vean como una referencia, impacta.* Más adelante afirma que le parece increíble que un jugador de la talla de Jannik dijera que es su tenista ideal, lo cual implica que siente orgullo. A no es correcta porque, al contrario, dice que cada jugador tiene su forma de pensar. C tampoco lo es porque lo que dice es que dependiendo de la generación a que pertenezca un jugador admirará a unos u otros jugadores.

10-A: Carlos Alcaraz dice que *hay momentos y momentos* lo que significa que pueden afectarle o no. Más adelante afirma que ha habido comentarios que le han tocado, sobre todo cuando ha perdido un partido que no debía haber perdido. B no es correcta porque no dice eso en ningún momento. C tampoco lo es porque, por el contrario, dice que intenta ignorar las críticas, ya sean de sus fans como de sus *haters.*

11-B: Carlos afirma que es en el manejo de la presión cuando realmente se ve a los grandes deportistas. A no es correcta porque no dice eso en ningún momento. C tampoco lo es porque lo que dice es que juega para él mismo, su equipo y su familia.

12-C: Carlos menciona entre las cosas que le relajan jugar al golf, al fútbol o hacer senderismo. A no es correcta porque, al contrario, habla de quedarse en casa, con los amigos. B tampoco lo es porque lo que dice es que con sus amigos y su familia se siente como cuando era pequeño.

13-C: Carlos Alcaraz dice que al jugar al ajedrez tiene que concentrarse y pensar por adelantado, que eso es muy similar a la pista de tenis y que el ajedrez le ayuda a ser más rápido mentalmente. A no es correcta porque no dice eso en ningún momento. B tampoco lo es porque lo que dice es que cuando se juega, al ajedrez o al tenis, hay que pensar en cómo incomodar al adversario.

14-A: Carlos Alcaraz afirma que la fama da oportunidades para tener voz en otros aspectos y tener una plataforma desde la que intenta influir positivamente. B no es correcta porque dice que ya ha hecho cosas al respecto. C tampoco lo es porque lo que dice es que los valores del deporte pueden aplicarse a otros ámbitos.

15-C: Dice que le ayudan a respirar mejor y a rendir al 100 %. A no es correcta porque no lo dice en ningún momento. B tampoco lo es porque lo que dice es que empezó a usarlas una vez que estaba un poco enfermo.

TAREA 3, p. 116

16-A: Corresponde al pódcast, ya que se afirma que, si se tienen a mano alimentos poco saludables, se van a consumir *por más educación nutricional que se tenga*.

17-B: Corresponde al pódcast, ya que dice que esta nueva ley no intenta definir qué es comida chatarra, sino que *simplemente prohíbe todo lo que tenga un sello de advertencia*. C no corresponde al texto porque lo que dice es que a partir de ahora si los papás no tienen tiempo de preparar un almuerzo y los niños se llevan dinero a la escuela, lo que se compre será más nutritivo.

18-D: Corresponde al pódcast, ya que dice que cuando se implementó el nuevo etiquetado *mucha gente también lo cuestionó*.

19-E: En el pódcast se afirma *que era más fácil conseguir un refresco en una escuela en México que tener acceso a agua potable*.

20-F: La nutricionista comenta que otros señalan que la venta de estos productos representa un ingreso para familias que dependen de ese comercio.

21-G: En el pódcast se dice que muchos papás crecieron también con estos mismos hábitos. H no es correcta porque, por el contrario, lo que se dice es que muchos no identifican qué es comida chatarra ni entienden los efectos a largo plazo. I no es correcta porque se explica que también contempla la promoción de actividad física y la prevención de adicciones.

22-J: El pódcast afirma que la ley también se aplica a los vendedores ambulantes y a los que están en la proximidad de las escuelas.

K no es correcta porque lo que se afirma es que fomentar buenos hábitos en el hogar refuerza lo que se aprende en la escuela. L no es correcta porque lo que dice el pódcast es que el amor (a los hijos) es también enseñarles a cuidar su cuerpo y su salud desde pequeños.

TAREA 4, p. 117

23-B: La profesora afirma que ese tipo de dolor se debe a que los músculos están fríos por no haber calentado suficiente. El chico dice que calentó durante cinco minutos y la profesora responde que no son suficientes. Se necesitan al menos quince.

24-C: La profesora le aconseja ir a un especialista y Marcos dice que se lo dirá a sus padres.

25-A: La chica dice que el médico de familia le dijo que era mejor que la viera un especialista.

26-B: El doctor dice que los síntomas son compatibles con vértigo, pero para confirmarlo hay que hacer pruebas.

27-C: Pablo dice que al final han decidido llevar de postre sandía y melocotones.

28-B: La abuela dice que cómo va a llevar platos o boles para tanta gente.

29-A: La chica dice que quiere ver cómo le queda el pelo rubio.

30-A: El padre dice que le queda muy bien el moño, es decir, el pelo recogido.